Steffen Henssler

GRILL DEN HENSSLER
Das Kochbuch

Inhalt

Vorwort 8

Lebensretter in der Küche 10

Scharfe Mischungen und Kräuter 12

Fixe Marinaden 14

Rasch gerührte Dips und Saucen 15

Kurzgebratenes für Fleischliebhaber 17

Kurzgebratenes für Fischliebhaber 19

Flottes Gemüse 21

Schnelle Beilagen und Hülsenfrüchte 22

Express-Anrichten 24

Deko aus dem Handgelenk 26

REZEPTE

Vorspeisen 30

Extra: Blitz-Crostini 52

Hauptspeisen 74

Extra: Ruck, zuck verwandelt 96

Superturbo 118

Extra: Zack, zack-Begleiter 128

Desserts 142

Extra: Süßes für Ungeduldige 164

Register 188

Impressum 190

Alle Rezepte sind für 4 Personen.

Moin!

„Mach doch mal ein Grill-den-Henssler-Buch", „Wo gibt's Deine Rezepte aus ‚Grill den Henssler'?", „Der Kaiserschmarrn sah ja saulecker aus – sag mir sofort, wie Du den gemacht hast!" Diese und viele andere Sätze haben mir gezeigt, dass ein Grill-den-Henssler-Buch her muss!

Mittlerweile sieht man mich ja häufiger im TV, aber „Grill den Henssler" ist immer noch was ganz Besonderes für mich. Die Sendung hat einfach unheimlich viele Facetten: das wunderbare Geplänkel mit meiner Moderatorin Ruth Moschner und natürlich die Jury – was wäre die Sendung ohne Heinz und Calli? Mein Traum ist es noch immer, irgendwann mal 10 Punkte von Heinz Horrmann zu bekommen ;)

Die Promis spielen natürlich auch eine wesentliche Rolle in den Sendungen. Ich muss wirklich sagen, dass die immer top vorbereitet sind. Zum einen bringen sie ein Rezept mit, das sie eh schon oft gekocht haben, und dann bekommen sie noch von dem jeweiligen Star- bzw. Sternekoch, die natürlich auch den Anspruch haben, mich zu schlagen, den richtigen Schliff verpasst.

In der Sendung geht es zwar immer lustig und hoch her, aber ich muss richtig Gas geben, um zu gewinnen. Aber das ist ja genau meine Welt. Wenn ich eines liebe, dann sind es Wettkämpfe und Herausforderungen. Vor allem die Spiele zwischen den Gängen haben es oft in sich. Aber für drei Punkte lohnt sich der Einsatz.

Bei all dem Stress während der Sendungen bleibt natürlich keine Zeit, um die Rezepte genau aufzuschreiben. Deswegen habe ich mir jetzt die Zeit genommen und meine 70 Lieblingsrezepte aus den vergangenen vier Staffeln rausgesucht. Natürlich habe ich noch mal alle Rezepte komplett überarbeitet. Ergebnis: Mit diesen Rezepten könnt Ihr gegen jeden antreten!

Die angegebenen Zeiten sind die Originalzeiten aus der Sendung. Wie Ihr selber wisst, herrscht da immer der pure Stress, also wundert euch nicht, wenn es bei euch ein bisschen länger dauert ;-)

Aber denkt daran: Das Wichtigste beim Kochen sind Spaß und Kreativität. Mit genau dieser Einstellung gehe ich auch in jede Sendung von „Grill den Henssler". Also, viel Spaß in der Küche und lasst Euch nicht grillen.

Ahoi

Lebensretter

Für den Simsalabim-Faktor beim fixen Kochen sind passende Küchengräte wichtig.

Mit einem Stabmixer (**1**) – ab 300 Watt hat er genügend Power – werden Suppen in Windeseile cremig-fein püriert, Saucen ruck, zuck mit Butter montiert, Beeren in schnelle Fruchtsaucen oder mit gefrorenem Joghurt in Blitzeis verwandelt.

Mischen, einfüllen, backen: Tarteletts, Soufflés, Pies, Muffins, Kuchen oder Aufläufe kommen in ofenfesten Formen (**2**) ins Rohr. Vor dem Befüllen gut einfetten oder mit Backpapier auslegen.

Zum schnellen Braten, (Rühr-)Kochen oder Frittieren stets Pfannen (**3**), Töpfe oder Wok griffbereit haben. Extra Bequemmacher: Schaum- und Sieblöffel (**4**), Pfannenwender (**5**), ein Topf mit Frittierkorb (**6**) und für schnelle Pürees eine Kartoffelpresse (**7**).

Mit einem Sparschäler (**8**) sind Gemüse und Obst im Nu schalenfrei. Für die Last-Minute-Präsentation können mit einem Eisportionierer (**9**) auch Pürees, Reis, Polenta, Bulgur oder Couscous formschön auf den Teller gesetzt werden.

Ohne Messer (**10**) geht in der Küche gar nichts! Schälen, putzen, schneiden, hacken – Kochmesser mit 15- bis 20-cm-Klinge, Gemüse- und Schälmesser haben bei der Vorbereitung der Zutaten ihren großen Auftritt. Natürlich immer gut geschärft.

Küchenreiben (**11**) hobeln und raspeln rasant Gemüse, Obst oder Käse und schenken Gerichten – selbst in letzter Minute – z. B. frisches Muskatnuss- oder Zitrusschalen-Aroma.

Ihren vollen Geschmack entfalten Gewürze und Kräuter, die im Mörser (**12**) im Handumdrehen zu Pulver gestoßen oder zur Paste gerieben werden. Ideal sind Mörser und Stößel aus schweren Materialien.

Unverzichtbar zum Highspeed-Abgießen und -Passieren sind feinmaschige Metallsiebe (**13**) in unterschiedlichen Größen. Nudel- und Salatsiebe erledigen ihre Aufgaben mithilfe vieler großer Löcher.

Feueratem fürs Dessert: Unterm Küchen-Bunsenbrenner (**14**) karamellisiert Zucker ratzfatz zur zarten Knusperkruste.

in der Küche

Currypulver:
Ein Potpourri aus vielen verschiedenen Gewürzen. Fertig kaufen oder selbst mischen!

Scharfmacher Chili:
Schoten, Flocken oder Pulver geben feurige Kicks!

Von rieselfein bis flockig:
Salz gehört an fast jedes Gericht. Seine schönste Blüte ist Fleur de Sel – naturbelassen, handgeschöpft, mild, kristallknackig und leicht feucht.

Schwarz, weiß, grün, rot:
Pfeffer ist ganz schön bunt und überrascht mit vielfältigen Geschmacksnuancen.

SCHARFE Mischungen

Nicht nur Garnitur:
Dill und Petersilie, klein gezupft oder frisch gehackt, runden Fleisch-, Fisch-, Gemüsegerichte, Suppen und Eintöpfe aromatisch ab.

Frisch am besten:
Schnittlauch, möglichst in feine Röllchen geschnitten.

Für mediterrane Akzente:
Rosmarin, Salbei, Basilikum, Thymian und Lorbeer.

Allrounder Minze:
passt zu würzigen aber auch süßen Gerichten.

Kräuter-Diva der Asia-Küche:
zitronig-pfeffriges Koriandergrün fürs Finish.

und Kräuter

Kleine Prisen, große Wirkung:
Gewürze und Kräuter machen den Unterschied – für Gaumen und Auge!

FIXE
Marinaden

Für das Plus an Geschmack

Fleisch, Fisch und Meeresfrüchte gewinnen mit Marinaden. Einfach in einer abgedeckten Schale in den Würzsaucen ruhen lassen oder im gut verschlossenen Frischhaltebeutel – für bequemes Wenden.

Tomate, Chili, Paprika (**1**): Huhn verträgt scharf-würzige bis fruchtige Marinaden, auch süß-saure Asia-Saucen, selbst gerührt oder aus der Flasche.

Olivenöl, in Scheiben geschnittener Knoblauch und grob gehackter Rosmarin oder Thymian (**2**): genau das passende Würzaroma für Lamm.

Hauchfeine Zitronen- oder Limettenzesten, fein gehacktes Zitronengras, ein paar Scheiben frischer Ingwer mit Öl gemischt (**3**): Und schon können Fisch oder auch Meeresfrüchte ins Aromabad tauchen.

Öl, Pfeffer, ein paar Kräuter, Gewürze und in Scheiben geschnittene Frühlingszwiebeln (**4**): Fisch, aber auch Kalb und Rind mögen fein-würzige Marinaden.

RASCH GERÜHRTE
Dips und Saucen

Die Auswahl an Dips und Saucen im Handel ist riesig.
Einige lassen sich jedoch auch mühelos selbst zubereiten –
kurz vor ihrem Einsatz oder für den Vorrat.

Schnelle Cocktailsauce (**1**): Chilipaste und frisch geriebene Orangenschale mit Mayonnaise und Schmand verrühren. Mit Salz, Pfeffer und nach Belieben einem Schuss braunem Rum abschmecken.

Mango-Salsa (**2**): 1 kleine Flugmango schälen, das Fruchtfleisch vom Kern schneiden und sehr klein würfeln. Frühlingszwiebel und Chilischote klein hacken, mit Limettensaft unter die Mango heben und mit Salz und Pfeffer würzen.

1-2-3-Remoulade (**3**): Grob zerkleinerte Gewürzgurken und Kapern aus dem Glas mit grobem Senf, Mayonnaise und Schmand in einen Rührbecher geben. Mit dem Stabmixer kurz pürieren und klein gehackte Petersilie unterziehen.

Homemade-Ketchup (**4**): Zwiebel- und Knoblauchwürfel in einem Topf in Öl anbraten, Paprika- und Tomatenwürfel dazugeben. Alles mit Ras el-Hanout, braunem Zucker, Apfelessig, Salz und Pfeffer würzen und einkochen lassen. Durch ein Sieb streichen und in Gläser füllen. Oder abkühlen lassen und sofort servieren.

KURZGEBRATENES FÜR
Fleischliebhaber

Ob gebraten oder gegrillt:
Viele Fleischstücke haben recht kurze Garzeiten – ideal für die Ruck-Zuck-Küche!

Fleisch	Pfanne	Grill
Kalbsschnitzel (1 cm)	2–4 Minuten	5–6 Minuten
Rindersteak (2–3 cm)	4–8 Minuten	4–12 Minuten
Kalbsmedaillon (2–3 cm)	5–6 Minuten	4–12 Minuten
Kalbskotelett (250 g)	10–12 Minuten	12–14 Minuten
Schweineschnitzel (1 cm)	4–5 Minuten	5–8 Minuten
Schweinefiletsteak (3 cm)	8 Minuten	12 Minuten
Schweinekotelett (1 ½ cm)	12 Minuten	15–20 Minuten
Lammkotelett (1 cm)	5 Minuten	10 Minuten
Hähnchenschnitzel (1 cm)	4–5 Minuten	5–7 Minuten
Hähnchenbrustfilet (180 g)	12–15 Minuten	10–12 Minuten
Entenbrustfilet (300 g)	15 Minuten	12–15 Minuten
Rehmedaillon (2–3 cm)	6–8 Minuten	5–8 Minuten

KURZGEBRATENES FÜR

Fischliebhaber

Auch Fisch eignet sich sehr gut für die Turbo-Küche,
man sollte nur darauf achten, die richtigen Sorten und
immer frische Ware zu verwenden.

Fisch/Meeresfrüchte	Pfanne	Grill
Dünnes Fischfilet	1–2 Minuten pro Seite	Nicht geeignet
Dickes Fischfilet	2–3 Minuten pro Seite	3–4 Minuten pro Seite
Ganzer Fisch (bis 350 g)	5 Minuten pro Seite	7–10 Minuten pro Seite
Garnelen	Bis sie rot sind	Bis sie rot sind
Tintenfisch	1–2 Minuten rundum	3–4 Minuten pro Seite

Flottes Gemüse

Ganz fix auf den Tisch

kommt erntefrisches Gemüse durch einen kleinen Trick:
Je kleiner und dünner es geschnitten wird,
umso schneller ist es gar.

Gemüse	Pfannenrühren/Braten	Kochen/Dünsten
Auberginen (Würfel)	3–5 Minuten	10–15 Minuten
Blattgemüse (Chinakohl, Mangold, Pak Choi, Spinat)	1–2 Minuten (Stiele 3–5 Minuten)	3–5 Minuten (Stiele 8–15 Minuten)
Brokkoli (Röschen)	5–8 Minuten	5–8 Minuten
Erbsen (gepalt)	3–6 Minuten	7–9 Minuten
Fenchel	3–5 Minuten	8–15 Minuten
Kürbis (Würfel)	2–5 Minuten	5–15 Minuten
Paprika (Würfel, Streifen)	3–6 Minuten	10–15 Minuten
Pilze	2–4 Minuten	---
Grüner Spargel (Stücke)	2–3 Minuten	10–15 Minuten
Tomaten (gehackt)	5–10 Minuten	5–20 Minuten
Zucchini (Würfel, Scheiben)	2–5 Minuten	5–10 Minuten

SCHNELLE
Beilagen und

Hülsenfrüchte

Italienische oder Asia-Nudeln

zählen schon lange zu den beliebtesten Zeitsparern in der Küche. Inzwischen sind aber auch verschiedene parboiled Reissorten, Instant-Grießprodukte und Hülsenfrüchte im Handumdrehen servierfertig.

Nudeln/Reis/Grieß/Hülsenfrüchte	Garzeit
Frische Bandnudeln (Kühltheke)	2–3 Minuten
Nudeln (Hartweizengrieß)	9–10 Minuten
Glasnudeln	2–3 Minuten
Chinesische Eiernudeln	3–5 Minuten
Basmati-/Langkornreis (Express und Kochbeutel)	2–8 Minuten
Instant-Polenta, -Bulgur, -Couscous	5 Minuten
Rote Linsen	15–20 Minuten
Weiße Bohnen (aus der Dose)	5–6 Minuten
Kichererbsen (aus der Dose)	5–6 Minuten

Schoko-Streich

Mit einem Backpinsel flüssige Kuvertüre oder Schokolade – nach Belieben als Strich, Kreis oder Welle – auf Dessertteller oder Servierplatte streichen. Fertig ist die Auftrittsbühne fürs Dessert!

Express-Anrichten

Gar nicht aufwendig

und doch ein Gewinn: Mit schnellen Handgriffen den Teller verschönern.

Gelungener Dreh

Kochpinzetten sind nicht nur fürs Braten und Wenden da. Lange Nudeln oder Gemüsestreifen wickeln sie locker zu appetitlichen Nestern. Funktioniert auch mit einer Gabel.

In Bestform

Tatar, Reis- und Gemüsesalate oder Dessertcremes pur oder mit weiteren Komponenten in Anrichteringe füllen und leicht andrücken. Den Ring abziehen – schon steht ein köstliches Türmchen auf dem Teller. Mit den Metallringen können auch Eierpfannkuchen oder Biskuitteigböden in beliebiger Größe ausgestochen werden.

Voller Schwung

Dynamisch ausgestrichene Pürees sind der Hingucker auf jedem Teller. Nur noch Fisch- oder Fleischtranchen fächerförmig anlegen, und das essbare Kunstwerk kann serviert werden.

Von Natur aus schön

Wie kleine Juwelen leuchten Granatapfelkerne und veredeln pikante Gerichte, aber auch süße Desserts. Granatapfel aufbrechen und die Kerne aus den Trennwänden lösen oder klopfen.

Nasch-Minze

Für den Überraschungseffekt beim Dessert sorgen kandierte Minzeblätter – es gibt sie im (Online-)Handel zu kaufen. Wer im Internet stöbert, findet auch Rosen-, Veilchen-, Lavendel- oder Mimosenblüten mit zartem Zuckerschmelz im Angebot.

Deco aus dem Handgelenk

Das besondere Etwas vor dem Finale

Mit Kleinigkeiten gekonnt Servier-Akzente setzen.
Macht wenig Arbeit und auf dem Teller enorm was her.

Krosses Finish

Petersilie und Rosmarin können
als Stängel bzw. Zweig, Zucchini,
Möhren, Kartoffeln, Lauch,
Zwiebeln und Schalotten in Streifen
geschnitten kurz in heißem Öl
frittiert werden. Knusper-Stroh vom
Feinsten – dekorativ und lecker!

Federleichte Würz-Magie

Pikante Chili-Fäden
machen vor allem Suppen,
Reisgerichte und Salate
im Nu zum Augen- und
Gaumenschmaus.

HENSSLERS

Rezepte

HENSSLERS
Vorspeisen

Zutaten

Zubereitungszeit:
20 Minuten

Für Pommes und Schaschlik:
2 große mehlig-
kochende Kartoffeln
1 Süßkartoffel
400 g Rinderfilet
Pflanzenöl
2 Schalotten
1 rote Paprikaschote
Salz
Pfeffer
2 EL Butter
Paprikapulver

Für die Salsa:
1 Thai-Mango
1 Chilischote
1 grüner Apfel
1 nussgroßes Stück
Ingwer
50 ml Orangensaft
Salz
Pfeffer
nach Belieben Zucker
und Saft von 1 Bio-
Zitrone

Und sonst noch:
Pflanzenöl zum Frittieren
Schaschlikspieße

Pommes mit Schaschlik

UND SCHARFER MANGO-SALSA

1. Für die Pommes die Kartoffeln und die Süßkartoffel schälen. Die Kartoffeln in Scheiben und dann in 1 cm breite Stäbchen schneiden, wässern und abtropfen lassen. Die Süßkartoffel in 3 x 3 cm große Würfel schneiden. Beide Kartoffelsorten getrennt voneinander in der Fritteuse bei 140° vorbacken. Mit Küchenpapier abtupfen und beiseitestellen.

2. Für die Schaschliks das Rinderfilet 3 cm groß würfeln. Das Pflanzenöl in einer Pfanne erhitzen und die Fleischwürfel darin scharf anbraten. Dann sofort herausnehmen und beiseitestellen. Die Schalotten schälen und vierteln. Die Paprika waschen, putzen und in etwa 3 x 3 cm große Stücke schneiden. Schalotten und Paprika in der Pfanne kurz anbraten, danach im Wechsel mit dem Fleisch auf vier Schaschlikspieße stecken.

3. Für die Salsa die Mango schälen und würfeln. Die Chili waschen, putzen und fein schneiden. Apfel waschen, vierteln und das Kerngehäuse entfernen. Ingwer schälen und wie den Apfel fein reiben. Mango, Chili und Orangensaft in einem Topf kurz ziehen lassen. Alles pürieren und mit Salz, Pfeffer, geriebenem Ingwer und Apfel und nach Belieben etwas Zucker und Zitrone abschmecken.

4. Etwa 5 Minuten vor dem Servieren die Pommes-Sorten getrennt voneinander in der Fritteuse knusprig braun nachbacken. Wieder mit Küchenpapier abtupfen und mit Salz und Pfeffer würzen. Die Butter in einer Pfanne erhitzen und die Schaschlikspieße darin nachbraten. Mit Salz, Pfeffer und Paprikapulver würzen. Auf vier Teller je 1 Streifen Salsa geben. Je 1 Spieß darauflegen und mit den beiden Pommes-Sorten anrichten.

Dreierlei

VON DER GARNELE

1. Von den Garnelen Kopf, Schale und Darm entfernen. Alle Garnelen salzen und pfeffern. 4 Garnelen auf je 1 Rosmarinzweig spießen. 4 weitere Garnelen in je 1 Scheibe Speck wickeln. Mehl, Panko-Mehl und 1 verquirltes Ei auf je einen Teller geben. Die 4 übrigen Garnelen erst in Mehl wälzen, dann durch das Ei ziehen und schließlich im Panko-Mehl wälzen. Garnelen beiseitestellen.

2. Eigelb, Senf und Zitronensaft verrühren. Dann das Pflanzenöl erst tropfenweise, dann in einem dünnen Strahl unterrühren. Die Mayonnaise mit Salz, Soja- und Chilisauce sowie Crème fraîche abschmecken.

3. Für den Salat die Fenchelknolle waschen und putzen. Fenchelgrün abschneiden und fein hacken. Ingwer schälen und fein reiben. Limette waschen, trocken tupfen und die Schale abreiben. 1 Limettenhälfte auspressen. Den Fenchel auf einem Gemüsehobel fein raspeln und mit Ingwer, Limettenschale und -saft, Orangensaft, Olivenöl und Fenchelgrün vermischen. Mit Salz und Pfeffer abschmecken.

4. Den Backofen auf 80° vorheizen. Cocktailtomaten waschen und trocken tupfen, Schalotte schälen und in feine Scheiben schneiden. Die Knoblauchzehen mit einem Messerrücken andrücken. In einer Pfanne das Olivenöl erhitzen und die Rosmaringarnelen darin mit den Knoblauchzehen und Cocktailtomaten anbraten. Dann die Schalotte dazugeben, alles 2 Minuten weiterbraten.

5. Zur selben Zeit in einer Grillpfanne die Speckgarnelen bei starker Hitze in 2 Minuten rundum angrillen. Alle Garnelen aus den Pfannen nehmen und im Backofen warm stellen. Die panierten Garnelen in einer Fritteuse oder einem hohen Topf im Pflanzenöl knusprig ausbacken.

6. Auf vier Tellern mittig etwas Fenchelsalat anrichten, das Dreierlei von der Garnele drumherum verteilen. Dabei die Rosmaringarnelen jeweils auf einem Tomaten-Zwiebel-Bett anrichten, die knusprig ausgebackenen panierten Garnelen auf etwas Mayonnaise. Alles mit etwas Zitronenschale und 3 Prisen Fleur de Sel bestreuen und servieren.

Zutaten

Zubereitungszeit:
20 Minuten

Für die Garnelen:

12 kleine, ungeschälte Black Tiger Garnelen
Salz und Pfeffer
4 Zweige Rosmarin
4 Scheiben Speck ohne Schwarte
4 EL Mehl
4 EL Panko-Mehl (oder Semmelbrösel)
1 Ei + 1 Eigelb
1 TL Senf
1 Spritzer Zitronensaft
100 ml Pflanzenöl
1 TL Sojasauce
1 EL Chilisauce
50 g Crème fraîche
8 Cocktailtomaten
1 Schalotte
2 Knoblauchzehen
Olivenöl

Für den Salat:

1 Fenchelknolle
1 nussgroßes Stück Ingwer
1 Bio-Limette
Saft von 1 Orange
1 EL Olivenöl
Salz und Pfeffer

Und sonst noch:

Pflanzenöl zum Frittieren
fein geriebene Schale von 1 Bio-Zitrone
Fleur de Sel

Zutaten

Zubereitungszeit:
25 Minuten

Für den Cappuccino:

3 Schalotten
250 g Knollensellerie
1 Apfel
Butter
Salz
Pfeffer
100 ml Weißwein
400 ml Gemüsebrühe
1–2 EL geröstetes
Sesamöl
200 g Sahne
200 ml Milch
1 Muskatblüte (Macis)

Für die Schweinebäckchen:

4 Schweinebäckchen
Salz
Pfeffer
5 Zweige Rosmarin
2 Stängel glatte
Petersilie
Pflanzenöl
70 g Butter
30 g Panko-Mehl (oder
Semmelbrösel)

Sellerie-Cappuccino

MIT SCHWEINEBÄCKCHEN

1. Für den Cappuccino

Schalotten, Sellerie und Apfel schälen. Schalotten in feine Scheiben schneiden, Sellerie und Apfel ohne Kerngehäuse würfeln. Die Butter in einem Topf erhitzen und die Schalotten darin andünsten. Sellerie- und Apfelwürfel dazugeben und mit andünsten. Mit Salz und Pfeffer würzen, dann mit Weißwein ablöschen. Brühe und 1 EL Sesamöl unterrühren und alles weich kochen. Kurz vor Schluss die Sahne dazugeben.

2. Inzwischen

für die Schweinebäckchen den Backofen auf 200° vorheizen. Schweinebäckchen, wenn nötig, von Fett und Sehnen befreien, mit Salz und Pfeffer würzen. Rosmarin und Petersilie waschen und trocken schütteln. In einer ofenfesten Pfanne das Öl erhitzen und die Schweinebäckchen darin rundum zusammen mit 3 Zweigen Rosmarin anbraten. Sobald das Fleisch Farbe angenommen hat, in den Backofen stellen und 10 Minuten garen. Das Fleisch herausnehmen, in Alufolie wickeln und kurz ruhen lassen.

3. Nadeln und Blätter

der übrigen Kräuter hacken. Butter in einer Pfanne erhitzen, Kräuter darin andünsten. Panko-Mehl dazugeben und alles anrösten.

4. Die Milch

mit der Muskatblüte in einem Topf aufkochen. Die Selleriesuppe pürieren und durch ein Sieb passieren. Mit Salz, Pfeffer und nach Wunsch mit etwas Sesamöl abschmecken. Die Milch ohne die Muskatblüte mit dem Stabmixer oder im Standmixer aufschäumen.

5. Die Suppe

in vier Schälchen füllen. Die Schweinebäckchen schräg aufschneiden, auf den Untertellern verteilen und mit Kräuter-Panko-Bröseln bestreuen. Die Suppe mit dem Milchschaum toppen. Nach Belieben darauf frittierte Rosmarinnadeln und Petersilienblätter bröseln.

Thunfischtatar

MIT LINSEN UND ORANGENSUGO

1. Für die Linsen die Schalotte schälen und fein würfeln. Butter erhitzen und die Schalottenwürfel darin anbraten, bis sie Farbe angenommen haben. Dann die Linsen dazugeben, mit dem Gemüsefond aufgießen und in 20 Minuten gar ziehen lassen. Mit Salz und Pfeffer würzen.

2. Inzwischen für den Sugo 1 Orange auspressen. Mit dem Limetten-, Blutorangensaft und Zucker in einen Topf geben und bei mittlerer Hitze auf ein Drittel reduzieren. Den Ingwer schälen und fein reiben, etwas davon beiseitestellen. Den Rest mit dem Sternanis in den Orangenfond geben. Die Speisestärke mit 2 EL Orangenfond anrühren, in den restlichen Fond geben und unter Rühren leicht andicken. Die übrigen 2 Orangen schälen, die Filets aus den Trennhäuten schneiden, dritteln und beiseitestellen.

3. Den Thunfisch mit einem scharfen Messer ganz fein würfeln. Schnittlauch waschen, trocken schütteln und in feine Röllchen schneiden. Das Thunfischtatar mit Limettenschale, Schnittlauch, Sojasauce und Olivenöl vermengen, mit Salz und Pfeffer abschmecken.

4. Die Linsen abgießen, die Flüssigkeit auffangen und die kalte Butter dazugeben. Mit dem Stabmixer kurz aufschäumen. Linsen unterziehen und alles mit heller Sojasauce abschmecken. Koriander waschen und trocken tupfen. Die Blätter fein hacken und unter die Linsen heben.

5. Den Orangensugo vom Herd nehmen, die Orangenfilets hineingeben. Auf vier Tellern mithilfe des Anrichterings 1 Portion Thunfischtatar anrichten, etwas von dem Linsenschaum danebensetzen und mit dem restlichen geriebenen Ingwer toppen. Mit dem Orangensugo umgießen und servieren.

Zutaten

Zubereitungszeit:
25 Minuten

Für die Linsen:
1 Schalotte
Butter zum Anbraten +
100 g kalte Butter
150 g rote Linsen
200 ml Gemüsefond
Salz und Pfeffer
1 EL helle Sojasauce
4 Stängel Koriandergrün

Für den Sugo:
3 Orangen
Saft von 1 Limette
200 ml Blutorangensaft
2 EL Zucker
1 walnussgroßes Stück
Ingwer
1 Sternanis
1 TL Speisestärke

Für das Tatar:
400 g Thunfischfilet
(Sushi-Qualität)
8 Stängel Schnittlauch
fein geriebene Schale
von 1 Bio-Limette
2 EL Sojasauce
2 EL Olivenöl
Salz und Pfeffer

Und sonst noch:
1 Anrichtering

Zutaten

**Zubereitungszeit:
25 Minuten**

**Für Püree und
Zwiebeln:**

400 g Knollensellerie
etwa 1 TL geriebener
Ingwer
200 g Sahne
Salz
15 Perlzwiebeln
200 ml Rotwein
100 ml Portwein
Pfeffer
1 EL Walnussöl

Für die Pilze:

je 200 g Pfifferlinge,
Kräuterseitlinge und
Steinpilze
3 Zweige frischer
Thymian
2 Schalotten
50 g magerer Speck
ohne Schwarte
Olivenöl
Salz
Pfeffer

Waldpilze

MIT SELLERIEPÜREE UND PERLZWIEBELN

1. Für das Püree den Sellerie waschen, schälen und auf einer Gemüsereibe grob raspeln. Mit Ingwer, Sahne und etwas Salz in einen Topf geben und bei mittlerer Hitze 5 Minuten garen. Die Perlzwiebeln schälen und mit dem Rot- und Portwein in einen kleinen Topf geben. Die Flüssigkeit kurz aufkochen und die Zwiebeln darin 20 Minuten bei schwacher Hitze schmoren.

2. Inzwischen den Backofen auf 80° vorheizen. Die Pilze putzen und mit Küchenpapier trocken abreiben. Die Kräuterseitlinge und Steinpilze in feine Scheiben schneiden. Thymian waschen, trocken tupfen und die Blättchen klein hacken. Schalotten schälen, vom Speck die Schwarte entfernen. Schalotte und Speck fein hacken.

3. In einer Pfanne Olivenöl erhitzen, alle Pilze hineingeben und unter Rühren anbraten, Thymian unterrühren. Schalotten und Speck dazugeben, mitbraten, bis sie glasig sind, dann alles mit Salz und Pfeffer abschmecken. Die Pilze im Backofen warm stellen.

4. Den Sellerie mit dem Stabmixer pürieren und mit Salz, Pfeffer und etwas Walnussöl abschmecken.

5. Die Pilze mittig auf vier Tellern anrichten, daneben das Selleriepüree setzen, mit Zwiebeln und nach Belieben mit frittierter Petersilie toppen.

Grilled Cheese-Sunday

MIT PAPRIKA-SALSA

1. Für die Salsa die Paprika vierteln, weiße Trennwände und Kerne entfernen. Paprikaviertel waschen, mit einem Sparschäler häuten und fein würfeln. Zwiebeln schälen, 1 Zwiebel fein würfeln, die andere in feine Ringe schneiden. Die Zwiebelwürfel in Butter anbraten. Paprikawürfel dazugeben und kurz mitbraten. Den Ketchup unterrühren und die Salsa mit etwas Salz, Pfeffer und Chili abschmecken.

2. Für die Mayonnaise das Eigelb mit 1 TL Zitronensaft verrühren. Das Öl erst tröpfchenweise, dann in einem dünnen Strahl unter Rühren dazugeben, bis eine Mayonnaise entsteht. Mit Salz, Tabasco und nach Belieben noch etwas Zitronensaft abschmecken.

3. Für den Käsetoast den Backofen auf 80° vorheizen. Sandwichscheiben toasten. Den Cheddar auf 4 Toastscheiben verteilen, etwas Parmesan darüberraspeln und die Toasts im Ofen warm stellen. Den Bacon im Öl kross braten und auf Küchenpapier abtropfen lassen. Mehl auf einen Teller geben, die Zwiebelringe darin wenden, dann in einer Fritteuse oder einem hohen Topf in Öl kross ausbacken. Die Tomate waschen, trocken tupfen und ohne Stielansatz in ganz dünne Scheiben schneiden. Im Bacon-Bratfett von beiden Seiten anrösten.

4. Die Sandwiches zusammenbauen: Bacon, Tomatenscheiben, Basilikumblättchen und Zwiebelringe auf die Käsetoasts schichten, übrige Toastscheiben daraufsetzen. Grilled Cheese-Sundays diagonal halbieren und mit der Mayonnaise und Salsa anrichten.

Zutaten

Zubereitungszeit:
20 Minuten

Für die Salsa:

2 rote Paprikaschoten
2 Zwiebeln
Butter
2 EL Ketchup
Salz
Pfeffer
1 Prise Chilipulver

Für die Mayonnaise:

1 Eigelb
1–2 TL Zitronensaft
100 ml Pflanzenöl
Salz
1 Spritzer Tabasco

Für den Käsetoast:

8 Scheiben
Sandwichtoast
150 g geriebener
Cheddar-Käse
20 g Parmesan
8 Scheiben Bacon
(Frühstücksspeck)
Pflanzenöl
1 Tomate
8 Basilikumblättchen

Und sonst noch:

50 g Mehl zum Wenden
Pflanzenöl zum Frittieren

Zutaten

Zubereitungszeit: 25 Minuten

Für die Salsa:

1 Zucchini
1 Aubergine
1 Schalotte
1 rote Spitzpaprika
½ Bund Thymian
1 Zweig Rosmarin
Olivenöl
Salz
Pfeffer
30 g frisch geriebener
Parmesan

Für den Salat:

2 Avocados
2 Romanatomaten
1 Bio-Zitrone
4 Stängel Koriandergrün
3 EL Olivenöl
Salz
Pfeffer
100 g Ciabatta
1 Knoblauchzehe

Für die Gambas:

4 große, ungeschälte
Black Tiger Garnelen
Olivenöl
100 g kalte Butter

Gambas

MIT GEMÜSE-SALSA UND AVOCADOSALAT

1. Für die Salsa Zucchini und Aubergine waschen, putzen und in ½ cm große Würfel schneiden. Schalotte schälen und fein hacken. Paprika halbieren, weiße Trennwände und Kerne entfernen, Hälften waschen und grob zerteilen. Thymian und Rosmarin waschen, trocken schütteln. Rosmarin und die Hälfte des Thymians fein hacken. Restliche Thymianzweige für die Gambas beiseitelegen.

2. Das Olivenöl in einer Pfanne erhitzen, Zucchini- und Auberginenwürfel darin rundum anrösten. Paprika, gehackten Thymian und Rosmarin dazugeben, kurz mitbraten und alles mit Salz und Pfeffer abschmecken. Zum Schluss den Parmesan unter die Gemüse-Salsa ziehen.

3. Für den Salat Avocados halbieren, Tomaten waschen. Avocado- und Tomatenkerne entfernen und das Fruchtfleisch klein würfeln. Zitrone heiß waschen, trocken tupfen. Schale abreiben, 1 TL Saft auspressen. Koriander waschen, trocken schütteln und die Blätter klein hacken. Zitronensaft und -schale, Koriander und 2 EL Olivenöl mit den Avocado- und Tomatenwürfeln vermengen, mit Salz und Pfeffer abschmecken.

4. Das Ciabatta in 4 dünne Scheiben schneiden, Knoblauchzehe andrücken. 1 EL Olivenöl erhitzen, Knoblauch dazugeben und die Ciabatta-Scheiben darin anrösten.

5. Die Garnelen der Länge nach vom Rücken her aufschneiden und aufklappen. Olivenöl in einer Pfanne erhitzen und die Garnelen darin bei starker Hitze von beiden Seiten anbraten. Die restlichen Thymianzweige und die Butter dazugeben.

6. Auf vier Tellern Avocadosalat auf die Röstbrotscheiben schichten. Daneben die Gemüse-Salsa und die Gambas setzen. Gambas mit der Thymianbutter beträufeln und mit den gerösteten Thymianzweigen garnieren.

45

Rindertatar

MIT KAPERN UND TOMATENSALAT

1. Für das Tatar die Schalotte schälen und fein würfeln. In einer Schüssel mit dem Hack, Senf, Kapern und Petersilie vermengen. Mit Salz, Pfeffer, etwas Zitronenschale und 1 Spritzer Zitronensaft abschmecken.

2. Für den Salat die Tomaten mit kochend heißem Wasser überbrühen. Kurz ziehen lassen, häuten, vierteln, Kerne entfernen und das Fruchtfleisch klein würfeln. Petersilie waschen, trocken schütteln und die Blätter grob hacken. Mit den Tomaten vermengen, mit Salz, Pfeffer und Balsamico-Essig abschmecken.

3. In einem Topf Wasser mit dem Essig aufkochen. Mit einem Löffel Wasser zum Strudel rühren. Die Eier einzeln aufschlagen und hineingleiten lassen, in je 3–4 Minuten pochieren, also bei schwacher Hitze ziehen lassen. Dabei mit dem Löffel das Eiweiß über das Eigelb legen. Pochierte Eier kurz auf Küchenpapier abtropfen lassen. Gleichzeitig in einer Pfanne langsam die Butter anbräunen.

4. Das Landbrot in 4 ganz dünne Scheiben schneiden und in einer weiteren Pfanne im Olivenöl von beiden Seiten knusprig goldgelb braten. Kurz auf Küchenpapier abtropfen lassen, ganz leicht salzen.

5. Tatar und Tomatensalat mithilfe des Anrichterings auf vier Tellern zu Türmchen aufschichten. An jedes Türmchen 1 Brotchip legen. Die pochierten Eier auf der anderen Seite danebenlegen. Die Eier mit je 2 EL Nussbutter (angebräunte Butter) übergießen und 1 Prise Salz würzen. Tatar sofort servieren.

Zutaten

Zubereitungszeit:
20 Minuten

Für das Tatar:
1 Schalotte
300 g Hack vom Rinderfilet
1 TL Dijon-Senf
je 1 EL gehackte Kapern und Petersilie
Salz
Pfeffer
Schale und Saft von ½ Bio-Zitrone

Für den Salat:
2 Tomaten
3–4 glatte Petersilie
Salz
Pfeffer
1 TL Balsamico-Essig

Und sonst noch:
50 ml Weißweinessig
4 Eier
100 g Butter
100 g italienisches Landbrot
Olivenöl
Salz
1 Anrichtering

Zutaten

Zubereitungszeit:
20 Minuten

Für die Suppe:

1 Zwiebel
4 Möhren (ca. 300 g)
15 g frischer Ingwer
Olivenöl
1 TL Currypulver
500 ml Gemüsefond
Salz
Pfeffer
1 Prise Chilipulver
1 Apfel

Für die Flusskrebse:

100 ml Orangensaft
1 Sternanis
5 Stängel Kerbel
8 gegarte, möglichst
ungeschälte Flusskrebse
20 g Butter
Salz

Möhren-süppchen

MIT FLUSSKREBSEN

1. Für die Suppe Zwiebel, Möhren und Ingwer schälen. Zwiebel und Möhren grob hacken. Olivenöl erhitzen und die Zwiebel darin andünsten. Die Möhren dazugeben und kurz mitdünsten. Ingwer fein reiben und mit dem Currypulver untermischen. Alles mit dem Gemüsefond aufgießen und bei schwacher Hitze köcheln lassen.

2. Für die Flusskrebse den Orangensaft mit Sternanis in einen Topf geben und bei mittlerer Hitze offen kochen und stark reduzieren. Den Kerbel waschen, trocken tupfen und die Blätter fein hacken. Die Flusskrebse schälen. Wenn der Orangensaft fast verkocht ist, die Butter unterrühren und die Flusskrebse darin erwärmen. Mit der Hälfte des Kerbels bestreuen und salzen.

3. Die Suppe pürieren und durch ein Sieb passieren. Mit Salz, Pfeffer, Chili und nach Belieben etwas Orangensaft abschmecken. Apfel schälen, in die Suppe raspeln und unterrühren.

4. Die Suppe in vier Schälchen anrichten, je 2 Flusskrebse hineinsetzen und mit dem restlichen Kerbel garnieren. Nach Belieben mit frittierten Möhrenstreifen toppen.

Zutaten

Zubereitungszeit:
20 Minuten

Für die Zitrusbutter:

6 Pfefferkörner
Saft und abgeriebene
Schale von je ½ Bio-
Zitrone und -Limette
100 g kalte Butter
Salz
Pfeffer

Für den Salat:

2 Stangen
Staudensellerie
1 Frühlingszwiebel
1 rote Chilischote
1 Schalotte
1 nussgroßes Stück
Ingwer
Saft von 2 Bio-Limetten
+ etwas abgeriebene
Schale
2 reife Avocados
12 kleine, geschälte
Black Tiger Garnelen
3 Zweige Thymian
2 Knoblauchzehen
Pflanzenöl
Salz
Pfeffer
8 Kirschtomaten
3 Stängel Koriandergrün
Chilipulver

Avocado-Sellerie-Salat

MIT GARNELEN UND ZITRUSBUTTER

1. Für die Zitrusbutter 100 ml Wasser mit den Pfefferkörnern, Zitrussaft und -schale aufkochen und stark reduzieren.

2. Für den Salat Staudensellerie, Frühlingszwiebel und Chili waschen, trocken tupfen. Wenn nötig, vom Sellerie die Fasern abziehen. Sellerie in sehr dünne Scheiben, Frühlingszwiebel in Ringe schneiden. Chili halbieren, entkernen und fein hacken. Schalotte schälen und fein würfeln. Ingwer schälen, ganz fein reiben. Alle vorbereiteten Zutaten in einer Schüssel mischen, den Saft von 1 Limette und etwas Schale untermengen.

8. Die Avocados halbieren, entkernen und mit den Schnittflächen nach unten kurz in einer Grillpfanne so lange braten, bis leichte Grillspuren entstehen. Das Fruchtfleisch aus der Schale heben, grob würfeln und zum Selleriesalat geben.

4. Garnelen bis zum Schwanz aufschneiden, Darm entfernen. Thymian waschen und trocken schütteln, Knoblauch andrücken. In einer großen Pfanne das Öl erhitzen, darin die Garnelen mit Thymian und Knoblauch kurz anbraten, salzen und pfeffern. Kirschtomaten waschen, trocken tupfen, achteln. Koriander waschen, trocken schütteln und die Blätter klein hacken. Tomaten und Koriander unter den Salat mengen. Mit etwas Limettensaft, Salz, Pfeffer und Chilipulver abschmecken.

5. Kurz vor dem Servieren Zitrussud absieben und die kalte Butter unterrühren. Mit etwas Limettensaft, Salz und Pfeffer abschmecken. Den Salat mittig auf vier Tellern anrichten und die Garnelen obendrauf legen. Die Zitrusbutter mit einem Stabmixer aufschäumen und drumherumlöffeln.

Blitz-Crostini

Baguettescheiben toasten oder in der Pfanne in 1 EL Olivenöl von beiden Seiten anrösten. Dann toppen, mit …

… Räucherlachstatar auf Frischkäse

Geräucherte Lachsscheiben und Frühlingszwiebeln fein schneiden. Mit Kapern, Zitronensaft und -schale, Salz und Pfeffer vermengen. Frischkäse auf die Crostini streichen oder spritzen, Tatar daraufgeben.

… cremigem Schafskäse-Mix

Klein geschnittene Artischocken und halb getrocknete Tomaten (beides aus dem Glas) mit Zitronenthymianblättchen und grob zerbröckeltem, cremigem Schafskäse locker vermischen, mit Salz und Pfeffer abschmecken.

…Ziegenkäse mit Rote-Bete-Salsa

Rote-Bete- (vorgegart), Apfel- und rote Zwiebelwürfel mit Apfelessig, Salz und Pfeffer vermengen. Auf die mit Ziegenkäsescheiben (Rolle) belegten Crostini setzen und mit gehackten Walnusskernen bestreuen.

…fruchtig-würzigem Fenchel-Birnen-Salat

Fein gehobelte junge Fenchelknolle mit frisch geriebener Orangenschale, gehacktem Fenchelgrün, dünnen, gedünsteten Birnenspalten und grob zerteiltem Gorgonzola dolce vermengen. Mit Pfeffer, zerstoßenen Anissamen und wenig Salz würzen.

Wolfsbarsch

MIT ROTE-BETE-MANGO-SALAT

1. Für die Beurre blanc Weißwein mit Pfefferkörnern und Lorbeerblatt in einem Topf aufkochen und offen bei starker Hitze um die Hälfte reduzieren.

2. Für den Salat die Rote Bete schälen, in ganz dünne Scheiben hobeln und auf vier Tellern auffächern. Die Mango schälen, Fruchtfleisch vom Kern schneiden. Fein würfeln und auf dem Carpaccio verteilen. Zitronensaft und Olivenöl über den Salat träufeln, mit Salz und Pfeffer würzen.

3. Die Haut vom Fisch ablösen und beiseitelegen. Das Fischfilet schräg in hauchdünne Tranchen schneiden und diese auf dem Salat anrichten. Mit Salz, Pfeffer, 1 Prise Zucker, Zitronensaft und Zitrusschale würzen.

4. Mehl auf einen Teller geben, die Fischhaut darin wenden. Im heißen Öl kross frittieren und auf Küchenpapier abtropfen lassen. Die Weißweinreduktion mit Salz und Pfeffer würzen, Butter und Olivenöl unterziehen. Die Beurre blanc auf den Wolfsbarsch und Salat löffeln, mit Schnittlauchröllchen bestreuen. Die krosse Fischhaut schräg aufschneiden und auf die Teller verteilen.

Zutaten

Zubereitungszeit:
20 Minuten

Für die Beurre blanc:
200 ml Weißwein
1 TL weiße Pfefferkörner
Lorbeerblatt
Salz
Pfeffer
200 g kalte Butter
3 EL Olivenöl

Für den Salat:
1 Rote-Bete-Knolle
(vorgegart)
1 vollreife Mango
Saft von 1 Zitrone
Olivenöl
Salz und Pfeffer

Für den Fisch:
4 ganz frische
Wolfsbarschfilets
Salz
Pfeffer
Zucker
Saft und abgeriebene
Schale von 1 Bio-Zitrone
abgeriebene Schale von
1 Bio-Orange

Und sonst noch:
Mehl zum Wenden
Pflanzenöl zum Frittieren
Schnittlauchröllchen
zum Garnieren

Zutaten

Zubereitungszeit:
20 Minuten

Für die Suppe:

1 rote Zwiebel
1 nussgroßes Stück Ingwer
2 Rote-Bete-Knollen (vorgegart; ca. 350 g)
½ mittelscharfe rote Chilischote
3 EL Butter
2 TL Salz
2 TL Zucker
50 ml Weißwein
50 ml weißer Portwein
500 ml Gemüsefond
Saft von ½ Orange
Pfeffer
250 g Sahne

Für die Muscheln:

4 Jakobsmuscheln (küchenfertig ausgelöst)
4 Scheiben Speck ohne Schwarte
Salz
Pfeffer
Olivenöl
½ Bund Schnittlauch

Rote-Bete-Suppe

MIT JAKOBSMUSCHELN

1. Für die Suppe die Zwiebel und den Ingwer schälen, halbieren und in feine Scheiben schneiden. Die Roten Beten schälen, halbieren und ebenfalls in feine Scheiben schneiden. Chili halbieren, entkernen, waschen und grob hacken.

2. Butter in einem Topf erhitzen. Zwiebel, Ingwer, Chili und Rote Beten hineingeben und anschwitzen. Salzen, zuckern und mit Weißwein und Portwein ablöschen. Die Flüssigkeit bei mittlerer Hitze reduzieren, dann mit dem Fond auffüllen. Den Orangensaft dazugeben, pfeffern und alles in 10 Minuten gar kochen. Zum Schluss die Sahne dazugeben, Suppe mit einem Stabmixer pürieren und durch ein feines Sieb passieren.

3. Die Muscheln in den Speckscheiben einwickeln, mit Salz und Pfeffer würzen. Das Olivenöl in einer Pfanne erhitzen und die Muscheln darin auf beiden Seiten 1–2 Minuten braten. Herausnehmen und auf Küchenpapier abtropfen lassen. Den Schnittlauch waschen, trocken schütteln und in feine Röllchen schneiden. Die Suppe mit dem Stabmixer aufschäumen und in vier Suppentellern anrichten. Die Muscheln diagonal halbieren und in die Suppe geben, mit Schnittlauch bestreuen.

Bunter Wiesensalat

MIT MEERESFRÜCHTEN

1. Für die Meeresfrüchte die Garnelen vom Kopf befreien, schälen, längs aufschneiden und den Darm entfernen. Den Knoblauch schälen und andrücken. Mit den Garnelen beiseitestellen.

2. Für den Salat die Tomaten waschen, trocken tupfen und halbieren. In einer Kasserolle Olivenöl erhitzen. Darin die Tomaten mit dem Zucker leicht karamellisieren lassen, dann vom Herd nehmen. Die Salate putzen, waschen und trocken schleudern. Blätter klein zupfen.

3. Für das Dressing die Zwiebel schälen und fein würfeln. Die Kräuter und Frühlingzwiebeln waschen, trocken schütteln. Die Kräuterblättchen klein hacken, die Frühlingszwiebeln in feine Ringe schneiden. Senf und Zitronensaft verrühren, Raps- und Sesamöl, Chili- und Sojasauce untermixen. Mit Zwiebel, Frühlingszwiebeln und Kräutern vermengen und mit Salz, Pfeffer und etwas Zucker abschmecken.

4. In einer Pfanne das Olivenöl mit dem angedrückten Knoblauch erhitzen. Jakobsmuscheln und Garnelen mit Salz und Pfeffer würzen. In der Pfanne von jeder Seite etwa 2 Minuten bei mittlerer Hitze braten, bis sie glasig sind.

5. Den Salat mit Tomaten und dem Dressing vermengen. Mittig auf vier Teller verteilen und je 1 Jakobsmuschel und Garnele danebensetzen. Essbare Blüten klein zupfen und den Salat damit bestreuen.

Zutaten

Zubereitungszeit:
12 Minuten

Für die Meeresfrüchte:
4 große, ungeschälte Black Tiger Riesengarnelen
2 Knoblauchzehen
Olivenöl
4 Jakobsmuscheln (küchenfertig ausgelöst)
Salz und Pfeffer

Für den Salat:
8 Kirschtomaten
Olivenöl
1 EL Zucker
1 Bund Rucola
100 g Wildkräutersalat
½ Radicchio
1 Mini-Römersalat
essbare Blüten

Für das Dressing:
1 weiße Zwiebel
2 Stängel glatte Petersilie
2 Stängel Koriandergrün
2 Frühlingszwiebeln
1 EL Senf
2–3 EL Zitronensaft
100 ml Rapsöl
1 EL Sesamöl
1 TL Chilisauce
1 TL Sojasauce
Salz und Pfeffer
Zucker

Zutaten

Zubereitungszeit:
20 Minuten

Für die Suppe:

1 kleiner Hokkaido-Kürbis
1 kleine weiße Zwiebel
1 grüne Chilischote
1 nussgroßes Stück Ingwer
2 EL Butter
1 Sternanis
Salz
Zucker
1 EL Madras-Currypulver
Saft von 1 Orange
500 ml Gemüsebrühe
1 Stängel Zitronengras
4 EL Crème fraîche
Pfeffer

Für das Saté:

½ rote Paprikaschote
1 rote Zwiebel
2 Perlhuhnbrüste (mit Haut)
Salz und Pfeffer
Pflanzenöl
200 ml Kokosmilch
2 EL Erdnussbutter
1 Spritzer Limettensaft
1 Handvoll Korianderblätter

Und sonst noch:

4 Saté- oder Schaschlikspieße

Curry-Kürbissuppe

MIT PERLHUHN-SATÉ

1. Für die Suppe den Kürbis waschen, halbieren und mit einem Löffel Kerne und Fasern entfernen. Kürbis klein würfeln. Zwiebel schälen, halbieren, in feine Streifen schneiden. Chili putzen, waschen und in feine Ringe schneiden, Ingwer schälen und in breite Scheiben schneiden.

2. Butter in einem Topf erhitzen, Kürbis darin anschwitzen. Zwiebel, die Hälfte des Chilis, Ingwer und Sternanis dazugeben und unter Rühren kurz mitdünsten. Mit Salz, Zucker und Curry würzen, Orangensaft unterrühren und mit Brühe aufgießen. Das Zitronengras waschen, trocken tupfen, harte Hüllblätter entfernen. Zitronengras mit der Rückseite eines Kochmessers anschlagen und zur Suppe geben. Bei schwacher Hitze garen.

3. Für das Saté die Paprika putzen, waschen und in 3 x 2 cm große Stücke schneiden. Die Zwiebel schälen und halbieren. Vorsichtig in die einzelnen Schichten teilen und diese ebenfalls in 3 x 2 cm große Stücke schneiden. Die Perlhuhnbrüste waschen, trocken tupfen, längs halbieren und in Würfel schneiden.

4. Perlhuhn, Paprika und Zwiebel abwechselnd auf die Spieße stecken, dabei soll die Hühnerhaut auf einer Seite nach außen zeigen. Mit Salz und Pfeffer würzen. In einer Pfanne das Pflanzenöl erhitzen und die Spieße darin rundum 6 Minuten braten. Kurz bevor sie fertig sind, mit Kokosmilch ablöschen. Die Spieße aus der Pfanne nehmen, Erdnussbutter in die Kokosmilch rühren. Mit Salz, Pfeffer, restlicher Chili und Limettensaft abschmecken.

5. Ingwer, Sternanis und Zitronengras aus der Suppe entfernen. Crème fraîche unterrühren und mit einem Stabmixer schaumig pürieren, mit Salz und Pfeffer würzen. Die Suppe auf vier Suppenschalen verteilen, mit Koriander bestreuen. Die Spieße separat auf kleinen Tellern anrichten und mit der Erdnusssauce übergießen.

Ratatouille

MIT HÄHNCHEN UND GARNELEN

1. Für die Ratatouille die Paprika putzen, waschen und klein würfeln. Zucchini und Tomaten waschen, trocken tupfen, Zwiebel und Knoblauch schälen. Zucchini, Tomaten, Zwiebel und Knoblauch klein würfeln.

2. Olivenöl in einem Topf erhitzen, Zwiebel, Zucchini und Paprika darin andünsten. Dann kurz den Knoblauch mitdünsten und die Tomaten dazugeben. Die Kräuter waschen, trocken schütteln und die Blätter fein schneiden. Ins Ratatouille rühren, mit Salz und Pfeffer abschmecken und 15 Minuten köcheln lassen.

3. Garnelen von Schale, Kopf und Darm befreien. Die Brustfilets enthäuten und grob würfeln. Die Würfel auf die Spieße verteilen, mit Salz und Pfeffer würzen. Öl in einer Pfanne erhitzen und die Hähnchenspieße darin rundum knusprig anbraten. In einer zweiten Pfanne das restliche Öl erhitzen. Die Garnelen mit Salz und Pfeffer würzen und im Öl rundum kurz und heiß anbraten. Die Tandoori-Paste in Wasser auflösen und die Hühnerspieße damit ablöschen. Für die Sauce den Joghurt mit Salz, Pfeffer, 1 Prise Kreuzkümmel, Limettensaft und -schale abschmecken.

4. Auf vier Tellern mittig 2 EL Ratatouille anrichten, die Garnelen dritteln und rundum legen. Die Hähnchenspieße auf die Ratatouille setzen. Mit der Joghurtsauce servieren.

Zutaten

Zubereitungszeit: 25 Minuten

Für die Ratatouille:

je 1 rote und gelbe Paprikaschote
1 Zucchini
2 Tomaten
1 rote Zwiebel
1 Knoblauchzehe
Olivenöl
1 Zweig Thymian
1 Zweig Rosmarin
1 Zweig Majoran
Salz und Pfeffer

Für Hähnchen und Garnelen:

4 große, ungeschälte Garnelen
4 Brustfilets von der Maispoularde (mit Haut)
Salz und Pfeffer
Pflanzenöl
1 EL Tandoori-Paste (Asia-Laden)

Für die Sauce:

150 g Sahnejoghurt
Salz und Pfeffer
gemahlener Kreuzkümmel
Saft und abgeriebene Schale von 1 Bio-Limette

Und sonst noch:

4 Schaschlikspieße

Zutaten

Zubereitungszeit:
20 Minuten

Für den Kas:

600 g kleine mehlig-
kochende Kartoffeln
Salz
1 Zwiebel
1 Knoblauchzehe
½ Bund glatte Petersilie
½ Bund Schnittlauch
200 g saure Sahne
Pfeffer
½ TL gemahlener
Kümmel
2 EL Branntweinessig
3 EL Bärlauchöl

Für den Fisch:

1 TL Wacholderbeeren
Räucherspäne (Buche)
4 Saiblingsfilets (mit
Haut, ohne Gräten)
Salz
Pfeffer
1 Zitrone

Und sonst noch:

Alufolie
Gitterrost
Backpapier
etwas zerlassene Butter
oder Öl für das Papier

Erdäpfelkas

MIT RÄUCHERSAIBLING

1. Für den Kas die Kartoffeln gründlich waschen. Dann mit der Schale in Salzwasser in 15 Minuten weich kochen. Das Wasser abgießen, die Kartoffeln abkühlen lassen und pellen. Auf einer Gemüsereibe grob raspeln.

2. Zwiebel und Knoblauch schälen, die Kräuter waschen und trocken schütteln. Die Zwiebel ebenfalls grob reiben, Knoblauch und Kräuter fein hacken. Alles mit Kartoffelraspeln und der sauren Sahne vermengen und mit Salz, Pfeffer, Kümmel und Essig abschmecken.

3. Für den Fisch einen Wok oder Topf mit passendem Deckel mit Alufolie auslegen. Wacholder und Räucherspäne in Wok oder Topf geben und auf dem Herd zugedeckt vorheizen, bis die Späne zu rauchen beginnen.

4. Einen passenden Gitterrost für Wok oder Topf mit gelöchertem Backpapier abdecken, mit Butter oder Öl bepinseln. Saiblings-filets salzen und pfeffern. Zitrone auspressen und den Fisch mit dem Saft beträufeln.

5. Die Fischfilets mit der Haut nach oben auf das Backpapier legen und in Wok oder Topf zugedeckt 6–8 Minuten räuchern. Dann nach Belieben die Haut abziehen, das geht problemlos in einem Stück, wenn der Fisch gar ist.

6. Den Erdäpfelkas auf vier Tellern anrichten, darauf je 1 Saiblingsfilet setzen und mit Bärlauchöl beträufeln.

Lachs-frikadellen

MIT SPARGELSALAT

1. Für die Frikadellen Lachs und Räucherlachs fein würfeln, dann beides zusammen fein hacken und in eine Schüssel geben. Die Schalotte schälen und fein würfeln. Chili und Koriander waschen, trocken tupfen. Chili von Stielansatz und Kernen befreien, mit dem Koriander fein hacken. Limetten heiß abwaschen, trocken tupfen und von 1 Limette die Schale abreiben. Schalotte, Chili, Koriander, Ingwer und Panko-Mehl zur Lachsmasse geben und gut vermengen. Mit Salz, Pfeffer und Limettenschale abschmecken.

2. Den Spargel waschen und trocken tupfen. Enden abschneiden. Weißen Spargel ganz schälen, grünen Spargel nur im unteren Drittel. Beide Spargelsorten in schräge Scheiben schneiden. Die Peperoni und die Kräuter waschen, trocken tupfen. Peperoni von Stielansatz und Kernen befreien und in feine Ringe schneiden. Koriander klein hacken, Schnittlauch in Röllchen teilen.

3. Das Pflanzenöl in einer Pfanne stark erhitzen und darin den Spargel kurz und scharf anbraten. Himbeerkonfitüre mit Salz, Pfeffer, Essig und Olivenöl zum Dressing verrühren. Mit Spargel, Kräutern und Peperoni in eine Schüssel geben und gut vermengen.

4. In einer Pfanne langsam das Butterschmalz erhitzen. Aus der Lachsmasse mit angefeuchteten Händen 8 Frikadellen formen. In der Pfanne bei mittlerer Hitze von beiden Seiten braten, sie sollen in der Mitte noch glasig sein.

5. Den Spargelsalat auf vier Tellern anrichten und die Lachsfrikadellen seitlich danebensetzen. Die übrige Limette vierteln und die Frikadellen damit garnieren.

Zutaten

Zubereitungszeit:
20 Minuten

Für die Frikadellen:

300 g Lachsfilet (ohne Haut und Gräten)
50 g Räucherlachs
1 Schalotte
1 Chilischote
4 Stängel Koriander
2 Bio-Limetten
20 g geriebener Ingwer
25 g Panko-Mehl
Salz
Pfeffer
3 EL Butterschmalz

Für Salat und Dressing:

je 200 g weißer und grüner Spargel
1 grüne Peperoni
½ Bund Koriandergrün
½ Bund Schnittlauch
Pflanzenöl
4 EL Himbeerkonfitüre
Salz
Pfeffer
2 EL weißer Balsamico-Essig
4 EL Olivenöl

Maissuppe

MIT TERIYAKI-HÄHNCHENSPIESS

1. Für die Suppe die Zwiebel schälen und in Scheiben schneiden. Die Chilischote waschen, trocken tupfen und ohne Stielansatz und Kerne fein hacken. Zitronengras putzen und fein schneiden. Die Butter in einem Topf erhitzen, die Zwiebel darin andünsten. Dann Chili, Zitronengras und Ingwer dazugeben und mit andünsten. Den Mais abgießen, dazugeben, mit Salz, Pfeffer und Zucker würzen, mit Wein und Geflügelfond ablöschen und bei schwacher Hitze 10 Minuten köcheln lassen.

2. Für die Teriyakisauce Geflügelfond, Sojasauce, 50 ml Wasser und Zucker in einen Topf geben und die Sauce etwa 10 Minuten köcheln lassen. Die Stärke mit etwas kaltem Wasser anrühren und in die Sauce geben. Einmal kurz aufkochen lassen, bis die Sauce bindet.

3. Für die Hähnchenspieße die kleine Zwiebel schälen und in 1 ½ cm große Würfel schneiden. Die Hühnerbrustfilets grob würfeln und im Wechsel mit der Zwiebel auf die Holzspieße stecken, mit Salz und Pfeffer würzen. Pflanzenöl in einer Pfanne erhitzen und die Spieße darin rundherum braten.

4. Inzwischen die roten Zwiebeln schälen, in feine Streifen schneiden und in einer Pfanne Pflanzenöl anbraten. Mit Salz und Pfeffer würzen, mit dem Essig ablöschen und den Koriander dazugeben.

5. Die Kokosmilch in die Suppe geben und aufkochen. In einem Mixer oder mit dem Stabmixer pürieren und durch ein feines Sieb in einen Topf passieren. Die Hähnchenspieße mit der Teriyakisauce ablöschen. Die Sauce auf ein Drittel einkochen. Die Crème fraîche in die passierte Suppe geben und mit einem Stabmixer aufschäumen.

6. Die Maissuppe in vier tiefen Tellern anrichten. Je 1 Hähnchenspieß anlegen und mit der Teriyakisauce übergießen. Die roten Zwiebeln auf den Hähnchenspießen verteilen und mit Chiliöl beträufeln.

Zutaten

Zubereitungszeit: 20 Minuten

Für die Suppe:
1 kleine Zwiebel
1 rote Chilischote
1 Stängel Zitronengras
2 EL Butter
1 EL geriebener Ingwer
1 Dose Mais (300 g Abtropfgewicht)
Salz und Pfeffer
1 TL Zucker
100 ml trockener Weißwein
400 ml Geflügelfond
200 ml Kokosmilch
2 EL Crème fraîche

Für Sauce und Spieße:
100 ml Geflügelfond
50 ml Sojasauce
75 g Zucker
1 TL Speisestärke
1 kleine Zwiebel
2 Hühnerbrustfilets
Salz und Pfeffer
Pflanzenöl
2 rote Zwiebeln
2 EL weißer Balsamico-Essig
2 EL gehacktes Koriandergrün
Chiliöl

Und sonst noch:
4 Holzspieße

Zutaten

Zubereitungszeit:
20 Minuten

Für das Fleisch:
600 g mageres
Kalbsfilet
Salz

Für die Sauce:
200 g Hamachi-Filet
(Gelbflossenmakrele;
ohne Haut)
Salz
Saft von 1 Zitrone
2 zimmerwarme Eigelb
50 g Kapern (aus dem
Glas)
1 TL Senf
75 ml Sonnenblumenöl
75 ml Olivenöl
Pfeffer
½ Bund glatte Petersilie
2 Limetten

Vitello makrelo

MIT KAPERN

1. In einem Topf Wasser aufkochen, salzen und das Kalbsfilet am Stück hineingeben. Knapp 10 Minuten bei schwacher Hitze kochen, dann das Fleisch herausnehmen und kurz ruhen lassen.

2. Inzwischen das Hamachi-Filet klein schneiden. Mit 150 ml Salzwasser in einem Topf offen kochen, bis das Wasser um die Hälfte reduziert ist.

8. Den Hamachi mit dem entstandenen Fond, der Hälfte des Zitronensafts und den Eigelben in ein schmales, hohes Gefäß geben. Kapern und Senf dazugeben und alles mit dem Stabmixer pürieren. Langsam das Sonnenblumen- und Olivenöl einmixen, bis eine cremige Sauce entsteht. Mit Salz, Pfeffer und etwas Zitronensaft abschmecken.

4. Petersilie waschen, trocken schütteln und fein hacken. Limetten schälen und die Filets aus den Trennhäuten schneiden.

5. Das Kalbsfilet so dünn wie möglich aufschneiden und auf vier Tellern anrichten. Das Fleisch komplett mit der Sauce bedecken, mit Petersilie und Pfeffer bestreuen. Mit den Limettenfilets und nach Belieben knusprig frittierten Kapern garnieren.

Tagliatelle

FRUTTI DI MARE

1. Die Venusmuscheln waschen und in Salzwasser kochen, bis sie sich öffnen. In ein Sieb abgießen und abkühlen lassen. Geschlossene Muscheln entfernen, aus den übrigen Schalen Muschelfleisch lösen und beiseitestellen.

2. In einem großen Topf 4 l Nudelwasser aufsetzen. Zwiebel und Knoblauch schälen und fein würfeln. Die Chilischote putzen, waschen und klein hacken. Das Basilikum waschen und trocken schütteln. 4 Blattspitzen beiseitelegen, die übrigen Blätter grob schneiden.

3. In einem Topf Olivenöl erhitzen. Zwiebel, Knoblauch und Chili darin bei mittlerer Hitze anbraten. Tomaten und Basilikum dazugeben, salzen, pfeffern und die Sauce auf die Hälfte reduzieren.

4. Inzwischen 40 g Salz ins kochende Nudelwasser geben und die Tagliatelle darin nach Packungsangabe al dente kochen. Den Oktopus in Scheiben schneiden. Garnelen salzen und pfeffern, den Thymian waschen und trocken schütteln.

5. In zwei Pfannen Olivenöl erhitzen. In einer Pfanne den Oktopus unter Rühren anbraten, in der anderen die Garnelen mit den Thymianzweigen glasig braten. Das Muschelfleisch und den Oktopus in die Tomatensauce geben und mit Salz und Pfeffer abschmecken. Die Nudeln in ein Sieb abgießen und kurz abtropfen lassen.

6. Die Nudeln mit der Sauce mischen und auf vier tiefen Pastatellern anrichten. Je 3 Garnelen auf die Nudeln legen und mit krossem Thymian und den Basilikumspitzen garnieren.

Zutaten

Zubereitungszeit:
20 Minuten

400 g Venusmuscheln
Salz
1 Zwiebel
1 Knoblauchzehe
1 kleine rote Chilischote
1 Bund Basilikum
Olivenöl
1 kleine Dose passierte
Tomaten
Pfeffer
400 g frische Tagliatelle
200 g vorgegarter
Oktopus
12 kleine Black Tiger
Garnelen (ohne Kopf
und Schale)
4 Zweige Thymian

HENSSLERS

Hauptspeisen

Zutaten

Zubereitungszeit:
35 Minuten

Für das Curry:

4 Brustfilets vom
Maishähnchen (mit
Haut)
Salz
Pfeffer
Pflanzenöl
2 rote Chilischoten
2 rote Zwiebeln
30 g frischer Ingwer
Knoblauchzehe
je 1 rote und gelbe
Paprikaschote
1–2 TL Kashmir-
Currypulver
½ große Dose geschälte
Tomaten
100 g TK-Erbsen
50 g Ricotta
1 Stängel Koriandergrün

Für Reis und Dip:

2 EL Pinienkerne
2 EL Mandelblättchen
200 g 10-Minuten-Reis
Salz
Pfeffer
20 Safranfäden
50 g Butter
4 Stängel Minze
Bio-Limette
200 g Joghurt
EL Honig

Indisches Curry

MIT HUHN

1. Für das Curry die Hühnerbrüste mit Salz und Pfeffer würzen. In einer Pfanne Pflanzenöl erhitzen. Die Hühnerbrüste darin rundum anbraten, dann beiseitestellen. Chilis waschen, putzen und in Ringe schneiden. Zwiebeln schälen und in Scheiben schneiden. Ingwer und Knoblauch schälen und fein hacken. Die Paprikaschoten halbieren, Stielansätze, weiße Trennwände und Kerne entfernen. Paprika waschen und in grobe Würfel schneiden.

2. Backofen auf 200° vorheizen. In einer Pfanne Öl erhitzen. Darin die Paprika mit Chilis, Zwiebeln, Knoblauch und Ingwer anbraten. Das Gemüse mit Salz, Pfeffer und Currypulver würzen. Tomaten mit einem Messer grob zerteilen und mit den Erbsen unter das angebratene Gemüse heben.

3. Gemüse in eine feuerfeste Form füllen, Die Hühnerbrüste daraufsetzen und 15 Minuten im Ofen (Mitte) schmoren. 5 Minuten vor Ende der Garzeit den Ricotta darüberbröseln.

4. Inzwischen für den Reis Pinienkerne und Mandelblättchen in einer Pfanne ohne Fett anrösten und beiseitestellen. Den 10-Minuten-Reis nach Packungsangabe in kochendem Salzwasser garen. Den Reis abgießen und mit Salz, Pfeffer, Safran und der Butter vermengen.

5. Für den Dip die Minze waschen, trocken schütteln und die Blättchen klein hacken. Die Limette waschen, trocken tupfen. Die Schale abreiben und den Saft auspressen. Joghurt mit Limettensaft und -schale, Honig und Minze verrühren und mit Salz und Pfeffer abschmecken.

6. Koriander waschen, trocken schütteln und die Blätter klein hacken. Das Curry in vier tiefen Schalen anrichten, jeweils 1 aufgeschnittene Hühnerbrust daraufsetzen und mit dem gehackten Koriander bestreuen. In kleineren Schalen den Reis anrichten und mit Pinienkernen und Mandelblättchen bestreuen. Dazu den Joghurtdip servieren.

Entenbrust

MIT SELLERIEPÜREE UND ANANASKOMPOTT

1. Backofen auf 120° vorheizen. Die Entenbrüste waschen und trocken tupfen. Die Haut mit einem scharfen Messer kreuzweise einschneiden, Entenbrüste mit Salz und Pfeffer würzen. In einer großen Pfanne die Entenbrüste ohne weiteres Fett auf der Hautseite kross anbraten. Wenden und auf der Fleischseite 30 Sekunden braten.

2. Die Entenbrüste auf einem Backblech im Ofen 15 Minuten durchziehen lassen. Mit dem Portwein den Bratsatz in der Pfanne loskochen und den Wein bei mittlerer Hitze reduzieren. Kurz vor dem Servieren die Sauce mit Salz, Pfeffer und etwas Chilipulver abschmecken.

3. Für das Püree den Sellerie waschen, schälen und würfeln. In kochendem Salzwasser blanchieren und danach die Flüssigkeit abgießen. Schalotten schälen und klein würfeln. Öl in einem Topf erhitzen und die Schalotten darin glasig braten. Mit Weißwein und Sahne ablöschen und den Sellerie dazugeben. Aufkochen und dann bei mittlerer Hitze die Flüssigkeit reduzieren. Mit Sesamöl, Salz und Pfeffer abschmecken und mit einem Stabmixer pürieren.

4. Für das Kompott die Ananas schälen, holzigen Strunk und Augen entfernen und das Fruchtfleisch würfeln. Frühlingszwiebeln und Chili waschen, putzen und in Ringe schneiden. 2 EL Zucker in einem Topf karamellisieren lassen, Ananas, Frühlingszwiebel und Chili dazugeben und kurz dünsten. Mit Ananassaft ablöschen, die Flüssigkeit verkochen und die Ananasmischung pürieren. Mit Salz, Pfeffer, Curry, etwas Zucker und Limettenschale abschmecken.

5. Auf vier Tellern mittig das Püree mit einem Löffel aufstreichen, daneben etwas Ananaskompott setzen. Die Entenbrüste in Scheiben schneiden und darauflegen. Nach Belieben mit frittierten Zucchinistreifen toppen und mit der Portweinsauce umträufeln. Sofort servieren.

Zutaten

Zubereitungszeit:
25 Minuten

Für die Entenbrust:
4 Entenbrüste (à 160 g)
Salz
Pfeffer
200 ml Portwein
Chilipulver

Für das Püree:
½ Knolle Sellerie
Salz
2 Schalotten
Pflanzenöl
50 ml Weißwein
100 g Sahne
1 EL Sesamöl
Pfeffer

Für das Kompott:
1 Ananas
2 Frühlingszwiebeln
1 Chilischote
3 EL Zucker
50 ml Ananassaft
Salz
Pfeffer
Anapurna-Currypulver
abgeriebene Schale von
1 Bio-Limette

Schollenröllchen

MIT KARTOFFELSTAMPF

1. Für den Stampf 3 Kartoffeln und die Zwiebel schälen, beides in feine Scheiben schneiden. Im Gemüsefond offen kochen, dabei den Fond reduzieren. Die übrige Kartoffel schälen und mit einem Sparschäler ganz dünne Späne abhobeln. Kartoffelspäne kurz in heißem Salzwasser blanchieren, dann schnell kalt abschrecken.

2. Für die Fischröllchen die Chinakohlblätter in heißem Wasser blanchieren. Kalt abschrecken, Blätter halbieren. Kräuter waschen, trocken schütteln und die Blätter abzupfen. Die Schollenfilets salzen, pfeffern, mit Chinakohl, Kartoffelspänen und der Hälfte des Dills und Kerbels belegen. Zusammenrollen und mit Zahnstochern fixieren.

3. Die Schalotten schälen und fein würfeln. Den Speck ohne Schwarte würfeln und in einer Pfanne im Öl knusprig braten. Dann die Hälfte der Schalottenwürfel dazugeben und mitbraten. Wenn alles goldbraun ist, die Pfanne vom Herd nehmen.

4. Backofen auf 160° vorheizen. Die Fischröllchen im Mehl wenden, Butter in einer Pfanne erhitzen. Die Fischröllchen darin rundum braun braten, dann 10 Minuten im Ofen (Mitte) ziehen lassen.

5. Die restlichen Schalottenwürfel in 2 EL Butter anschwitzen, mit Weißwein, Fischfond und Sahne ablöschen und auf die Hälfte reduzieren. Sauce pürieren, Stärke mit Wasser anrühren und die Sauce damit unter Rühren binden. Mit Salz und Pfeffer abschmecken.

6. Die Kartoffeln mit der Butter stampfen. Petersilie und Kerbel waschen, trocken schütteln, Blätter klein hacken und mit dem übrigen Dill und Kerbel dazugeben. Stampf mit Salz, Pfeffer und Muskatnuss abschmecken und mittig auf vier Tellern anrichten. Die Schollenröllchen danebensetzen und mit etwas Butter aus der Pfanne beträufeln. Mit den Schalotten-Speck-Würfelchen toppen. Weißweinsauce noch mal frisch aufschäumen und drumherumträufeln.

Zutaten

Zubereitungszeit:
25 Minuten

Für Kartoffelstampf und -späne

4 große mehligkochende Kartoffeln
1 rote Zwiebel
400 ml Gemüsefond
Salz und Pfeffer
2 EL Butter
4 Stängel glatte Petersilie
4 Stängel Kerbel
frisch geriebene Muskatnuss

Für Fischröllchen und Sauce:

4 Chinakohlblätter
4 Stängel Dill
4 Stängel Kerbel
8 Schollenfilets
Salz und Pfeffer
2 Schalotten
150 g durchwachsener Speck
Pflanzenöl
Butter
50 ml Weißwein
100 ml Fischfond
100 g Sahne
2 EL Speisestärke

Und sonst noch:

4 Zahnstocher
Mehl zum Wenden

Zutaten

Zubereitungszeit:
25 Minuten

Für die
Beurre blanc:

200 ml Weißwein
8 weiße Pfefferkörner
1 Lorbeerblatt
120 g kalte Butter

Für das Gemüse:

4 Schwarzwurzeln
Saft und abgeriebene
Schale von 1 Bio-Zitrone
1 Schalotte
Butter
150 g Sahne
Salz und Pfeffer
frisch geriebene
Muskatnuss
4 Stängel Petersilie
40 g Speckwürfel

Für den Fisch:

4 Lachsfilets (à 160 g;
geschuppt, mit Haut)
Salz und Pfeffer
Pflanzenöl
20 g Parmesan
½ Bund Estragon
4 Stängel Kerbel
100 g Butter
80 g Panko-Mehl
(oder Semmelbrösel)

Und sonst noch:

Pflanzenöl zum Frittieren

Lachs

MIT ESTRAGONKRUSTE UND SCHWARZWURZELN

1. Für die Beurre blanc in einer Kasserolle den Weißwein mit Pfefferkörnern und Lorbeerblatt aufkochen. Bei mittlerer Hitze offen auf ein Drittel reduzieren.

2. Für das Gemüse die Schwarzwurzeln unter fließendem Wasser schälen (Einweghandschuhe verwenden!), schräg in dünne Scheiben schneiden und mit Zitronensaft beträufeln. Die Schalotte schälen und in ganz feine Scheiben schneiden. In einem Topf Butter erhitzen, Schalotten und Schwarzwurzeln darin anbraten. Mit der Sahne ablöschen und gar ziehen lassen. Mit Salz, Pfeffer, 1 Prise Muskatnuss und Zitronenschale abschmecken.

8. Für den Fisch den Lachs salzen und pfeffern. Öl in einer Pfanne erhitzen und den Fisch darin kurz auf der Fleischseite anbraten, wenden und dann auf der Hautseite bei schwacher Hitze braten. Den Parmesan fein reiben. Estragon und Kerbel waschen, trocken schütteln und die Blätter fein hacken. Aus Butter, Parmesan, Kräutern und Panko-Mehl eine Krustenmasse kneten. Mit Salz und Pfeffer abschmecken.

4. Grillfunktion im Backofen einstellen. Den Lachs aus der Pfanne nehmen, mit der Hautseite nach oben auf ein Backblech legen. Die Estragonmasse ½ cm dick aufstreichen und den Lachs im Ofen 7 Minuten garen.

5. Petersilie waschen, trocken schütteln, die Blätter klein hacken. In einer Pfanne die Speckwürfel anbraten, Petersilie und Speck zu den Schwarzwurzeln geben. Mit Salz und Pfeffer abschmecken.

6. Pfefferkörner und Lorbeer aus der Weißweinreduktion entfernen. Butter hineingeben und mit einem Stabmixer unterarbeiten. Auf vier Tellern mittig das Schwarzwurzelgemüse anrichten, darauf die Lachsfilets setzen. Nach Belieben mit frittierter Petersilie toppen und mit der Beurre blanc umträufeln.

Hähnchen

MIT MOJO ROJO UND SPINATSALAT

1. Die Brustfilets salzen und pfeffern. Chilischoten putzen, waschen und klein hacken. Mit Cola und Anissamen in einen Topf geben und bei starker Hitze einkochen. Die Tomaten waschen, trocken tupfen, halbieren und Stielansätze entfernen. 1 Knoblauchzehe schälen, grob hacken. Tomaten, Knoblauch, Mandeln, Olivenöl und die Hälfte der Colareduktion in einem Standmixer zur Mojo rojo (scharfe rote Sauce) mixen. Mit Salz und etwas Kakaopulver abschmecken.

2. Grillfunktion im Backofen einstellen. Ingwer und restlichen Knoblauch schälen, beides in ganz feine Scheiben schneiden. Pflanzenöl in einer Pfanne erhitzen, darin die Brustfilets mit Ingwer und Knoblauch rundum scharf anbraten. Dann die Filets mit der Hautseite nach oben in eine Auflaufform setzen und im Ofen 12 Minuten garen. Dabei zwischendurch mithilfe eines Backpinsels mit der übrigen Colareduktion lackieren.

3. Für das Gemüse die Kartoffeln gründlich waschen und mit der Schale in grobe Wedges schneiden. In einem Topf in Salzwasser halbgar kochen. Die Minizucchini und Pilze putzen, halbieren. Öl in in einer Grillpfanne erhitzen, Zucchini und Pilze darin braten. Mit Salz, Pfeffer und Zitronenschale würzen, beiseitestellen. Die Kartoffeln aus dem Salzwasser nehmen, abtupfen. In der Fritteuse oder einem hohen Topf knusprig ausbacken. Mit Salz, Pfeffer und Paprika abschmecken.

4. Für den Salat den Spinat putzen, waschen und trocken schleudern. Kräuter waschen, trocken schütteln und fein schneiden. Mit Senf, Zitronensaft und Olivenöl zur Vinaigrette rühren. Mit Salz und Pfeffer würzen und den Spinat damit anmachen.

5. Hähnchenbrüste schräg aufschneiden und mit Zucchini, Pilzen und Wedges auf vier Tellern in einem Dreieck anrichten. Den Salat und die Mojo rojo extra dazu servieren.

Zutaten

Zubereitungszeit:
85 Minuten

Für Hähnchen und Sauce:

4 Brustfilets vom
Maishähnchen
Salz und Pfeffer
2 Chilischoten
400 ml Cola
1 TL Anissamen
125 g Kirschtomaten
3 Knoblauchzehen
1 gehäufter EL
gemahlene Mandeln
2 EL Olivenöl
Kakaopulver
1 eigroßes Stück Ingwer
Pflanzenöl

Für das Gemüse:

2 Kartoffeln
Salz
200 g Mini-Zucchini
12 Shiitake-Pilze
Pflanzenöl
abgeriebene Schale von
1 Bio-Zitrone
Pfeffer, Paprikapulver

Für den Salat:

200 g Babyspinat
8 Stängel Schnittlauch
4 Stängel Petersilie
1 TL Senf
Saft von 1 Bio-Zitrone
Olivenöl
Salz und Pfeffer

Zutaten

Zubereitungszeit:
25 Minuten

Für Spätzle und Püree:

400 g Mehl
6 Eier
1 Schuss Mineralwasser
Salz
frisch geriebene
Muskatnuss
⅓ Knolle Sellerie
75 g Butter
200 g Sahne
Pfeffer

Für den Rehrücken:

½ Bund Thymian
20 Wacholderbeeren
200 ml Rotwein
2 Gewürznelken
1 Lorbeerblatt
1 Birne
1 Rehrücken (ca. 600 g)
Salz
Pfeffer
Rapsöl
2 EL Honig
Saft und abgeriebene
Schale von ½ Limette
100 g Preiselbeer-
kompott
Petersilienblätter

Rehrücken

BADISCHER ART

1. Für die Spätzle aus Mehl, Eiern, Mineralwasser, etwas Salz und Muskatnuss einen Spätzleteig rühren, bis er Blasen schlägt. Der Teig soll zäh und klebrig vom Löffel fallen – ist er zu flüssig, noch etwas Mehl zugeben, ist er zu fest, noch etwas Wasser hinzufügen. Den Teig bis zur Verwendung beiseitestellen.

2. Für den Rehrücken den Thymian waschen und trocken schütteln. 4 Wacholderbeeren andrücken. Den Rotwein in einem Topf mit Nelken, der Hälfte des Thymians, angedrückten Wacholderbeeren und Lorbeerblatt offen bei starker Hitze auf ein Fünftel einkochen lassen. Die Birne schälen, vierteln, vom Kerngehäuse befreien und im Rotwein gar ziehen lassen. Den Backofen auf 150° vorheizen. Den Rehrücken mit Salz und Pfeffer würzen. Öl in einem ofenfesten Bräter erhitzen. Darin den Rehrücken mit dem restlichen Thymian rundum braun anbraten. Im Ofen (Mitte) 10 Minuten garen. Die übrigen Wacholderbeeren im Universalzerkleinerer oder im Mörser zu Staub mahlen. Wacholderpulver sieben und mit Honig, Limettensaft und -schale vermengen. Auf den Rehrücken reiben und mitbacken.

3. Für die Spätzle in einem großen Topf reichlich Salzwasser aufkochen. Inzwischen den Sellerie schälen und in ganz feine Streifen schneiden. 25 g Butter in einem Topf erhitzen und den Sellerie darin andünsten. Mit Sahne aufgießen und garen. Dann mit einem Stabmixer fein pürieren, mit Salz und Pfeffer abschmecken.

4. Den Spätzleteig portionsweise von einem angefeuchteten Brett ins kochende Wasser schaben oder durch ein Spätzlesieb hineindrücken. Die Spätzle bei schwacher Hitze im siedenden Wasser in etwa 3 Minuten gar ziehen lassen. Herausheben, in Eiswasser abschrecken, dann abtropfen lassen. Übrige Butter in einer großen Pfanne schmelzen lassen, die Spätzle darin schwenken und mit Salz, Pfeffer und etwas Muskatnuss würzen.

5. Die Birnen aus dem Rotwein nehmen, seitlich auf vier Teller verteilen. Rotwein durchsieben, die Preiselbeeren untermengen und diese Mischung über die Birnen löffeln. Daneben Püree und Spätzle anrichten, den Rehrücken vierteln und je 1 Stück im Dreieck dazu anrichten. Mit Petersilienblättern garnieren.

Saltimbocca

ALLA ROMANA
MIT HIMBEERSAUCE

1. Für die Sauce die Schalotten schälen, halbieren und in feine Streifen schneiden. Tomaten und Chili waschen und trocken tupfen. Tomaten vierteln, Chili fein hacken, Himbeeren verlesen. In einem Topf Olivenöl erhitzen, Schalotten darin andünsten, Tomaten kurz mitdünsten, dann den Gemüsefond dazugeben. Bei mittlerer Hitze 15 Minuten garen. Chili, Himbeeren und Himbeeressig dazugeben. Mit Zucker, Salz und Pfeffer abschmecken. Im Standmixer oder mit dem Stabmixer fein pürieren.

2. Inzwischen die Salbeiblätter waschen und trocken tupfen. Je 4 Salbeiblätter und Schinkenscheiben auf die Schnitzel legen und mit einem Fleischklopfer einarbeiten. (Oder mit Zahnstochern feststecken.) Die Schnitzel mit Salz und Pfeffer würzen. In einer großen Pfanne die Butter bei mittlerer Hitze schmelzen lassen. Die Schnitzel darin von beiden Seiten braten. Den restlichen Schinken und die Salbeiblätter in der Fritteuse oder in einem hohen Topf im Öl knusprig ausbacken.

3. Gleichzeitig die Bandnudeln in kochendem Salzwasser al dente kochen. Dann abgießen und mit Butter und der Hälfte der Himbeersauce vermengen.

4. Die Nudeln mittig auf vier Tellern anrichten, noch je 1 EL Sauce darübergeben und mit etwas grob gezupftem Basilikum bestreuen. An jede Nudelportion 1 Saltimbocca legen und mit dem krossen Speck und Salbei garnieren.

Zutaten

Zubereitungszeit:
25 Minuten

Für die Sauce:

2 Schalotten
4 Tomaten
1 rote Chilischote
100 g Himbeeren
Olivenöl
100 ml Gemüsefond
1 EL Himbeeressig
1 EL Zucker
Salz
Pfeffer
4 Basilikumblätter

Für die Saltimbocca:

8 Salbeiblätter
8 Scheiben Parmaschinken
4 große, sehr dünne Kalbsschnitzel (à 160 g)
Salz
Pfeffer
50 g Butter

Und sonst noch:

Pflanzenöl zum Frittieren
Bandnudeln (Frischetheke)

Zutaten

Zubereitungszeit: 20 Minuten

Für die Reduktionen:

1 Zwiebel
Butter
200 ml Weißwein +
2 EL Weißwein für
Speisestärke
2 EL Zucker
200 ml Rotwein
Salz
Cayennepfeffer
1 EL Speisestärke

Für Möhren und Birnen:

3 Möhren
Butter
2 Birnen
2 Zweige Thymian
1 walnussgroßes Stück
Ingwer
175 ml Weißwein
Mark von 1 Vanilleschote
1 Prise gemahlener
Sternanis
Salz und Pfeffer

Für den Fisch:

2 Zanderfilets mit Haut
(à 300 g)
Salz und Pfeffer
Pflanzenöl

Zander

MIT MÖHREN UND BIRNEN

1. Für die Weißweinreduktion die Zwiebel schälen und sehr fein würfeln. In einer Pfanne Butter erhitzen und die Zwiebel darin andünsten. Mit 200 ml Weißwein ablöschen und offen bei starker Hitze reduzieren. In einer Kasserolle den Zucker mit 50 g Butter karamellisieren lassen. Mit dem Rotwein ablöschen und bei starker Hitze auf ein Drittel reduzieren.

2. Die Möhren waschen, putzen und schräg in dünne Scheiben schneiden. 1 EL Butter in einer Pfanne erhitzen und die Möhren darin andünsten, dann beiseitestellen. Die Birnen schälen, vom Kerngehäuse befreien und in schmale Spalten schneiden. Thymian waschen, trocken schütteln und die Blätter fein hacken. Ingwer schälen und fein reiben.

3. In einer zweiten Pfanne Butter erhitzen. Die Birnen darin schwenken und leicht dünsten. Mit dem Weißwein ablöschen, Vanillemark, Ingwer, Sternanis, Thymian und Möhren dazugeben. Alles mit Salz und Pfeffer abschmecken.

4. Die Fischfilets in 8 Stücke teilen und die Haut mit einem scharfen Messer einritzen. Fisch mit Salz und Pfeffer würzen. In einer weiteren Pfanne das Öl erhitzen und die Fischstücke darin auf der Hautseite bei mittlerer Hitze knusprig braten.

5. Die Rotweinreduktion mit etwas Salz und Cayennepfeffer abschmecken. Die Weißweinreduktion pürieren. Speisestärke in 2 EL Weißwein anrühren, untermischen und aufkochen lassen. Mit 2 EL kalter Butter binden. Auf vier Tellern Möhren und Birnen anrichten. Daneben etwas Weißweinsauce geben, darauf je 2 Fischstücke setzen und alles mit der Rotweinreduktion umträufeln.

Kalbsfilet

IM TRAMEZZINI-MANTEL MIT SPARGEL

1. Die Kartoffeln schälen, der Länge nach halbieren und in ganz feine Scheiben schneiden. In einem Topf in wenig Salzwasser garen. Für die Rotweinreduktion in einem Topf den Zucker karamellisieren lassen, mit Rotwein ablöschen. Thymian waschen, trocken schütteln und die Blättchen zum Rotwein geben. Flüssigkeit bei starker Hitze auf ein Drittel reduzieren.

2. In einer Pfanne das Öl erhitzen und das Kalbsfilet darin bei mittlerer Hitze rundum anbraten. Die Hühnerbrust in kleine Stücke schneiden. In der Küchenmaschine fein hacken, Sahne, Kräuter, etwas Salz und Pfeffer dazugeben und alles zu einer Farce mixen. Den Backofen auf 180° vorheizen.

3. Die Tramezzini-Scheiben mit einem Nudelholz etwas größer und dünner rollen, mit der Farce bestreichen. Nebeneinanderlegen, das Kalbsfilet draufsetzen und in den Brotscheiben einrollen. In einer Pfanne 3 EL Butter erhitzen und das Kalbsfilet im Tramezzini-Mantel darin bei mittlerer Hitze rundum anbraten. Dann auf einem Backblech in den Ofen (Mitte) schieben. Hat das Fleisch eine Kerntemperatur von 60° erreicht (mit einem Bratenthermometer messen!), 5 Minuten weitergaren und noch kurz ziehen lassen.

4. Den Spargel waschen, schälen und die holzigen Enden entfernen. Spargel schräg in dünne Scheiben schneiden. Butter in einem Topf erhitzen und den Spargel darin andünsten, bis er leicht bräunt. Dann Estragon, Zucker, Salz, Pfeffer und Panko-Mehl unterrühren.

5. Kartoffeln, wenn nötig, abgießen, mit 3 EL Butter stampfen und mit Salz und Pfeffer abschmecken. Auf vier Tellern mittig den Kartoffelstampf anrichten, daneben den Spargel verteilen. Das Kalbsfilet im Tramezzini-Mantel in Scheiben schneiden und je 2 Scheiben auf die Teller legen. Mit der Rotweinreduktion umträufeln.

Zutaten

Zubereitungszeit: 30 Minuten

Für Stampf und Reduktion:
2 große mehlig-kochende Kartoffeln
Salz und Zucker
150 ml Rotwein
3 Zweige Thymian
3 EL Butter, Pfeffer

Für das Filet:
Pflanzenöl
1 Kalbsfilet am Stück (ca. 500 g)
100 g Hühnerbrust
100 g Sahne
2 EL Kräuterblätter (Petersilie, Thymian, Oregano)
Salz und Pfeffer
4 Scheiben Tramezzini-Weißbrot
Butter

Für den Spargel:
400 g weißer Spargel
Butter
1 EL gehackter Estragon
Zucker
Salz und Pfeffer
2 EL Panko-Mehl (oder Semmelbrösel)

Und sonst noch:
Nudelholz

Zutaten

Zubereitungszeit:
25 Minuten

Für den Hirschkalbsrücken:

800 g Hirschkalbsrücken
Salz und Pfeffer
15 Wacholderbeeren
4 Zweige Thymian
Rapsöl
4 EL Honig
Saft und abgeriebene
Schale von 1 Bio-Limette

Für Rotweinsauce und Cranberrymus:

2 Schalotten
Olivenöl
1 EL Tomatenmark
150 ml Rotwein
150 ml Wildfond
100 g kalte Butter
200 g frische Cranberrys
50 g Zucker
100 ml Cranberrysaft

Für den Mangold:

400 g Mangold
1 gekochte Pellkartoffel
50 g Butter
250 g Sahne
Salz und Pfeffer
3 EL Crème fraîche
1 Prise gemahlener
Kümmel
frisch geriebene
Muskatnuss

Hirschkalbsrücken

MIT MANGOLD

1. Backofen auf 180° vorheizen. Den Hirschkalbsrücken, wenn nötig, von Fett und Sehnen befreien, salzen und pfeffern. 5 Wacholderbeeren andrücken, Thymian waschen und trocken schütteln. In einer Pfanne das Rapsöl erhitzen und den Hirschkalbsrücken mit angedrückten Wacholderbeeren und Thymian rundum goldbraun anbraten.

2. Die restlichen Wacholderbeeren im Universalzerkleinerer oder im Mörser zu Staub mahlen, durchsieben. Mit Honig, Limettensaft und -schale verrühren und auf den Hirschkalbsrücken reiben. Fleisch in einer ofenfesten Form in den Backofen (Mitte) schieben und 20 Minuten garen.

8. Für die Rotweinsauce die Schalotten schälen und fein würfeln. Das Olivenöl in einem Topf erhitzen und die Schalotten darin goldbraun anbraten. Das Tomatenmark dazugeben, kurz mit anrösten und alles mit Rotwein und Wildfond ablöschen. Den Bratensatz vom Anbraten des Hirschkalbsrückens aus der Pfanne zur Sauce geben und diese offen bei starker Hitze reduzieren. Die Rotweinsauce durch ein Sieb passieren und mit der kalten Butter unter Rühren binden.

4. Den Mangold putzen, waschen und trocken schleudern. Mangold in feine Streifen schneiden, Kartoffel pellen und in feine Scheiben schneiden. Die Butter in einem Topf erhitzen, Mangold und Kartoffel darin kurz anbraten. Mit der Sahne aufgießen und bei mittlerer Hitze einkochen lassen. Dann mit Salz, Pfeffer, 1 EL Crème fraîche, Kümmel und Muskatnuss abschmecken.

5. Für das Mus die Cranberrys waschen. In einer Kasserolle den Zucker karamellisieren lassen, mit dem Cranberrysaft ablöschen und die Cranberrys dazugeben. Auf vier Tellern den Mangold mittig anrichten. Auf jede Portion etwas Muskatnuss reiben und mit ½ TL Crème fraîche krönen. Je 2 EL Cranberrymus danebenlöffeln. Vom Hirschrücken 8 Scheiben, 1 cm dick, abschneiden und im Dreieck dazulegen. Nach Belieben mit frittierten Zwiebelringen garnieren und je 2 EL Rotweinsauce danebensetzen.

Ruck, zuck verwandelt

Eine Möhre ist eine Möhre ist eine Möhre?

Keineswegs! In ihr (und auch anderen Gemüsen) stecken unzählige Varianten – gut für den einen oder anderen Extra-Knaller.

Rustikal-Möhren

Möhren schälen, halbieren und auf einem Backblech verteilen. Mit Olivenöl besprenkeln, salzen. Im Backofen bei 180° 20 Minuten schmoren, nach 10 Minuten mit Zitronenschale und Pinienkernen bestreuen. Passt zu deftigen Fleischgerichten oder am Veggie-Tag zu einem Salat.

Salat-Möhren

Möhren schälen, halbieren und mit einem Sparschäler in dünne Streifen schneiden. Leicht salzen und 5 Minuten ziehen lassen. Knackiger Bonus im Blattsalat, z. B. mit grob zerbröckeltem Schafskäse und Pekannüssen.

Orangen-Möhren-Gemüse

Rote Zwiebelwürfel in Butter andünsten, schräg geschnittene Möhrenscheiben dazugeben. Mit Honig, Salz und Pfeffer würzen, wenig Orangensaft dazugießen und die Möhren knapp gar dünsten. Mit Orangenschale und etwas Salz abschmecken, mit Basilikumblättern garnieren. Edler Begleiter für Fleisch und Fisch.

Knusper-Möhren-Topping

Möhren mit einem Spiralschneider in feine, lange Streifen schneiden. In heißem Erdnussöl (175°) kross ausbacken. Dann herausnehmen, kurz auf Küchenpapier abtropfen lassen und salzen. Zum Garnieren oder als Gemüse-Knabberei.

Schweinefilet

IN KNOBLAUCH-ORANGENSAUCE

1. Für das Püree die Kartoffeln schälen, würfeln und in Salzwasser garen. Backofen auf 160° vorheizen. Vom Filet die dünneren Enden abschneiden, anderweitig verwenden, das Filet salzen. In einer Pfanne je 2 EL Rapsöl und Butter erhitzen und das Fleisch darin rundum braun anbraten. Meerrettich schälen und fein reiben. Petersilie waschen, trockenschütteln und die Blätter, bis auf 4 schöne Spitzen, klein hacken. Aus Panko-Mehl, Meerrettich, gehackter Petersilie, 50 g Butter, etwas Salz und Pfeffer eine Paste rühren. Das Schweinefilet damit bestreichen und im Ofen (Mitte) 10 Minuten garen.

2. Für die Sauce die Zwiebel schälen und fein würfeln. Knoblauch andrücken, Chilischotenstück putzen und waschen. 1 EL Rapsöl erhitzen, Zwiebel, Knoblauch und Chili darin anbraten. Tomatenmark dazugeben, kurz mitrösten, dann alles mit Orangensaft und Wein ablöschen. Mit Orangenschale, Salz und Pfeffer würzen und die Flüssigkeit bei starker Hitze offen reduzieren.

3. Für den Salat die Endivie putzen, waschen und trocken schleudern. Endivienblätter in grobe Streifen schneiden. Die Orange und Mango schälen, Nektarine waschen und trocken tupfen. Orange filetieren, Nektarine und ½ Mango in Streifen schneiden. Früchte zum Salat geben. Für das Dressing die Zwiebel schälen und mit der übrigen Mangohälfte in grobe Stücke schneiden. In einem Standmixer mit Essig und Senf pürieren. Eigelb dazugeben und mit Raps- und Olivenöl aufmixen, mit Salz, Pfeffer und etwas Zucker abschmecken.

4. Die Kartoffeln abgießen, mit einem Kartoffelstampfer zerdrücken. Chili putzen, waschen und fein hacken. Mit Crème fraîche und Sahne unter das Kartoffelpüree rühren, mit Salz abschmecken. Püree mittig auf vier Tellern anrichten. Schweinefilet aufschneiden und je 1 Scheibe anlegen. Die Sauce ohne Knoblauch und Chilistück pürieren, durch ein Sieb passieren und danebenlöffeln. Mit beiseitegelegter Petersilie garnieren. Den Salat mit dem Dressing in vier Schälchen anrichten und dazu servieren.

Zutaten

Zubereitungszeit:
25 Minuten

Für das Püree:

4 große Kartoffeln
Salz und Chilischote
3 EL Crème fraîche
3 EL Sahne

Für Filet und Sauce:

1 Schweinefilet
Salz und Pfeffer
3 EL Rapsöl
50 g Butter +
2 EL zum Anbraten
1 frischer Meerrettich
6 Stängel Petersilie
50 g Panko-Mehl
(oder Semmelbrösel)
1 rote Zwiebel
2 Knoblauchzehen
1 Chilischote
1 TL Tomatenmark
Saft und Schale von
1 Bio-Orange
50 ml Rotwein

Für den Salat:

½ Endivie, je 1 Orange,
Mango und Nektarine
1 Zwiebel
50 ml Apfelessig
1 TL Senf, 1 Eigelb
je 100 ml Raps- und
Olivenöl
Salz, Pfeffer und Zucker

Zutaten

**Zubereitungszeit:
25 Minuten**

**Für Spieße
und Sauce:**

2 Entenbrüste
Salz
Pfeffer
2 Birnen
2 EL Honig
abgeriebene Schale von
½ Bio-Zitrone
1 EL Zitronensaft
Butter
1 Msp. Fünf-Gewürze-
Pulver
2 Schalotten
50 g Zucker
200 ml Rotwein
50 ml Portwein

Für den Salat:

2 Knollen Fenchel
Salz
Zucker
50 ml Balsamico-Essig
1 TL frisch geriebener
Ingwer
1 Orange
Pinienkerne
4 Stängel Koriandergrün

Und sonst noch:

4 Schaschlikspieße

Entenbrust-Birnen-Spieße

MIT FENCHELSALAT

1. Den Backofen auf 160° vorheizen. Für die Spieße die Enten-brüste mit Salz und Pfeffer würzen. In einer ofenfesten Pfanne bei mittlerer Hitze auf der Haut kross anbraten und dann 10 Minuten im Ofen (Mitte) garen.

2. Die Birnen schälen und ohne Kerngehäuse in Spalten schnei-den. Birnen in heißem Wasser mit Honig, Zitronenschale und -saft blanchie-ren. Butter in einer Pfanne erhitzen. Die Birnen mit einem Schaumlöffel aus dem Sud heben, in der Butter anbraten, dabei mit Fünf-Gewürze-Pulver bestreuen.

3. Für den Salat den Fenchel putzen, waschen und ganz fein hobeln. Salzen, leicht zuckern, mit Essig verkneten und Ingwer abschme-cken. Die Orange schälen, die Filets aus den Trennhäuten schneiden, 4 Filets beiseitelegen, die übrigen zum Fenchelsalat geben. Pinienkerne ohne Fett anrösten, Koriander waschen, trocken schütteln und die Blätter fein hacken. Beides beiseitestellen.

4. Für die Sauce die Schalotten schälen und klein würfeln. In ei-ner Kasserolle den Zucker karamellisieren lassen, die Schalotten dazugeben, unterrühren und mit Rotwein und Portwein ablöschen.

5. Die Entenbrüste schräg etwa 1 cm dick aufschneiden. Im Wechsel mit den Birnenspalten auf die Spieße verteilen, salzen und pfeffern. Fenchelsalat und Spieße auf vier Teller verteilen. Salat mit den beiseitege-legten Orangenfilets, Pinienkernen und Koriander toppen. Mit Rotwein-sauce umträufeln.

Blutwurst

MIT APRIKOSEN-CHUTNEY

1. Für das Chutney die Aprikosen waschen, entsteinen und in schmale Streifen schneiden. Schalotte schälen und klein würfeln. Chili putzen, waschen und in feine Ringe schneiden. Den Zucker in einer Kasserolle karamellisieren lassen. Schalotte und Chili darin andünsten. Aprikosen untermischen und mit Weißwein und Essig ablöschen. Leicht salzen und die Zitronenschale dazugeben. Alles bei mittlerer Hitze zu einem sämigen Chutney kochen.

2. Für das Kartoffelpüree die Kartoffeln schälen, in 1 cm dicke Scheiben schneiden und in Salzwasser gar kochen. Milch erhitzen. Den Speck in Öl kross braten, auf Küchenpapier abtropfen lassen. Petersilie waschen, trocken schütteln und die Blätter fein hacken.

3. Die Kartoffeln abgießen und mit dem Kartoffelstampfer zerdrücken. 50 ml Milch, Butter und Speck unterrühren, salzen und pfeffern. Die Kichererbsen mit der Crème fraîche und 50 ml Milch erhitzen. Mit einem Stabmixer pürieren, mit Salz und Pfeffer abschmecken und die Petersilie unterziehen.

4. Die Blutwürste pellen, der Länge nach halbieren und in Mehl wenden. In einer Pfanne Öl erhitzen und die Blutwürste darin rundum knusprig braten.

5. Auf vier Tellern mittig nebeneinander 1 Nocke von jedem Püree anrichten. Die Blutwurst auf den Pürees anrichten und das Chutney darübergeben. Mit etwas Zitronenschale und nach Belieben mit frittierten Schalottenringen garnieren.

Zutaten

Zubereitungszeit: 25 Minuten

Für das Chutney:
4 Aprikosen
1 Schalotte
1 rote Chilischote
2 EL Zucker
50 ml Weißwein
2 EL Apfelessig
Salz
abgeriebene Schale von ½ Bio-Zitrone

Für Pürees und Blutwurst:
2 große mehligkochende Kartoffeln
Salz
100 ml Milch
40 g gewürfelter Speck
Pflanzenöl
3 Stängel glatte Petersilie
4 EL Butter
Pfeffer
200 g gekochte Kichererbsen (Dose)
4 EL Crème fraîche
4 kleine Blutwürste

Und sonst noch:
Mehl zum Wenden
Zitronenschale zum Garnieren

Zutaten

Zubereitungszeit:
80 Minuten

Für Braten und Rotweinzwiebeln:

Pflanzenöl
600 g Entrecôte
am Stück
4 rote Zwiebeln
3 Zweige Thymian
150 ml Rotwein

Für das Gemüse:

200 g Pfifferlinge
100 g Möhren
100 g Knollensellerie
Salz und Pfeffer
2 Stängel glatte
Petersilie
Olivenöl
2 EL kalte Butter

Für die Rösti:

4 mehligkochende
Kartoffeln
1 Zweig Oregano
Salz und Pfeffer
frisch geriebene
Muskatnuss
Pflanzenöl

Und sonst noch:

2 weiße Zwiebeln
Pflanzenöl zum Frittieren
Salz

Zwiebelrostbraten

MIT HERBSTGEMÜSE

1. Backofen auf 185° vorheizen. In einer ofenfesten Pfanne Öl erhitzen und das Fleisch darin rundum kross anbraten. Dann im Ofen (Mitte) je nach Dicke in 10–15 Minuten medium garen.

2. Für die Rotweinzwiebeln die roten Zwiebeln schälen, halbieren und in feine Streifen schneiden. Thymian waschen, trocken schütteln und die Blättchen fein hacken. In einem Topf die Hälfte der Zwiebeln mit dem Thymian in Rotwein schmoren, dabei die Flüssigkeit stark reduzieren lassen.

3. Für das Gemüse die Pfifferlinge putzen. Möhren und Sellerie schälen und in 1 cm große Würfel schneiden. Gemüsewürfel in heißem Salzwasser bissfest blanchieren, abgießen und mit kaltem Wasser abschrecken. Petersilie waschen, trocken schütteln und fein hacken. Olivenöl in einer Pfanne erhitzen. Die Pfifferlinge darin kurz und heiß anbraten. Die restlichen roten Zwiebeln, Petersilie, kalte Butter und Gemüsewürfel dazugeben. Alles gut durchschwenken, mit Salz und Pfeffer abschmecken.

4. Für die Rösti die Kartoffeln schälen und auf einer Gemüsereibe grob raspeln. Kartoffeln ausdrücken, Oregano waschen, trockentupfen und die Blätter klein hacken. Kartoffelraspel mit Salz, Pfeffer, Oregano und Muskatnuss abschmecken. In einer großen Pfanne Öl erhitzen. Kartoffelraspel hineinsetzen, zu 4 Rösti formen und auf beiden Seiten goldbraun braten.

5. Die weißen Zwiebeln schälen, halbieren und in feine Streifen schneiden. In kaltem Wasser abspülen und sehr gut trocken tupfen. In einer Fritteuse oder in einem hohen Topf im Öl frittieren. Danach auf Küchenpapier abtropfen lassen und salzen.

6. Das Entrecôte in 8 Scheiben schneiden und auf vier Tellern anrichten. Das Herbstgemüse zum Fleisch auf die Teller setzen, daneben je 1 Rösti. Die Rotweinzwiebeln über das Fleisch geben und mit den Röstzwiebeln bestreuen.

Damwildrücken

MIT
SÜSSKARTOFFELPÜREE

1. Für das Fleisch den Backofen auf 165° vorheizen. Den Damwildrücken, wenn nötig, von Fett und Sehnen befreien, salzen. In einer Pfanne das Öl erhitzen und das Fleisch darin rundum anbraten. Kurz beiseitestellen. Wacholderbeeren im Universalzerkleinerer oder im Mörser zu Staub mahlen, durchsieben. Mit Limettenschale und etwas Pfeffer vermischen, den Wildrücken damit einreiben. Im Ofen (Mitte) in 10–15 Minuten medium gar ziehen lassen.

2. Für die Sauce die Schalotten schälen und fein würfeln. In einer Kasserolle die Butter erhitzen und die Schalotten darin anschwitzen. Mit Rotwein und Madeira ablöschen, den Honig einrühren, bis er sich auflöst. Flüssigkeit leicht salzen und pfeffern und bei schwacher Hitze langsam auf ein Drittel reduzieren. Dann die Speisestärke mit 2 EL Wasser anrühren, untermengen und die Sauce damit binden.

3. Für das Püree die Süßkartoffel schälen, in feine Scheiben schneiden und zusammen mit der Kokosmilch in einen Topf geben. Salzen und so lange bei mittlerer Hitze garen, bis die Kokosmilch fast verkocht ist. Chili putzen, waschen und in feine Ringe schneiden. Die Süßkartoffel pürieren, Chili und Curry unterrühren, mit Salz und Limettensaft abschmecken.

4. Für das Gemüse den Lauch längs aufschneiden, gründlich waschen und in 5 cm große Stücke schneiden. Möhren putzen und in Scheiben schneiden. Butter in einer Pfanne erhitzen, Lauch und Möhren darin unter Rühren dünsten. Petersilie waschen, trocken schütteln und die Blätter klein hacken. Mit Orangensaft und -schale zum Gemüse geben und mit Salz und Pfeffer abschmecken.

5. Auf vier Tellern jeweils 1 Nocke Süßkartoffelpüree anrichten. Das Fleisch in 8 gleich große Medaillons schneiden, daranlegen und nochmals salzen. Das Lauchgemüse danebensetzen und das Fleisch mit der Rotweinsauce umträufeln. Mit frittiertem Lauch bestreuen.

Zutaten

Zubereitungszeit:
30 Minuten

Für Fleisch und Sauce:

600 g Damwildrücken ohne Knochen
Salz
Pflanzenöl
5 Wacholderbeeren
abgeriebene Schale von 1 Bio-Limette
Pfeffer
2 große Schalotten
Butter
300 ml Rotwein
100 ml Madeira
2 TL Honig
1 TL Speisestärke

Für Püree und Gemüse:

1 große Süßkartoffel
250 ml Kokosmilch
Salz
1 rote Chilischote
Saft von ½ Limette
scharfes Currypulver
1 kleine Stange Lauch
2 Möhren
Butter
2 Stängel glatte Petersilie
Saft und abgeriebene Schale von 1 Bio-Orange, Pfeffer

Zutaten

Zubereitungszeit:
25 Minuten

Für das Backhähnchen:

2 kleine Hähnchen
100 g Mehl
2 Eier
100 g Panko-Mehl (oder Semmelbrösel)
Salz und Pfeffer

Für den Kartoffelsalat:

100 ml Geflügelfond
400 g Pellkartoffeln
1 kleine Zwiebel
Pflanzenöl
Salz und Pfeffer
2 Frühlingszwiebeln
4 Radieschen
3 EL weißer Balsamico-Essig

Für die Sauce tartare:

1 Eigelb, 1 TL Senf
1 TL Zitronensaft
100 ml Pflanzenöl
1 Gewürzgurke
1 hart gekochtes Ei
1 EL Crème fraîche
gehackte Petersilie
Salz und Pfeffer

Und sonst noch:

Pflanzenöl zum Frittieren

Backhähnchen

MIT KARTOFFELSALAT UND SAUCE TARTARE

1. Die Hähnchen waschen und gut trocken tupfen. Die Haut ablösen und die Hähnchenschenkel abschneiden. Restliche Hähnchen in möglichst gleich große Teile schneiden. So weit wie möglich von den Knochen befreien.

2. Zum Panieren in eine Schüssel das Mehl geben, in einer zweiten die Eier verquirlen und in die dritte das Panko-Mehl füllen. Hähnchenteile mit Salz und Pfeffer würzen. Im Mehl wenden, dann durch die Eimasse ziehen und zuletzt im Panko-Mehl wälzen. Hähnchenteile kurz beiseitestellen.

3. Für den Kartoffelsalat den Geflügelfond erwärmen. Die Kartoffeln pellen und in Scheiben schneiden. Die Zwiebel schälen, halbieren und in feine Streifen schneiden. Das Öl in einer Pfanne erhitzen und die Kartoffeln darin knusprig braten, die Zwiebel dazugeben und mitbraten, mit Salz und Pfeffer würzen.

4. Die Bratkartoffeln in eine Schüssel füllen. Frühlingszwiebeln und Radieschen putzen, waschen, trocken tupfen und fein schneiden. Mit dem Gemüsefond unter die Kartoffeln mengen, mit Essig, Salz und Pfeffer abschmecken.

5. Für die Sauce tartare das Eigelb mit Senf und Zitronensaft verrühren, nach und nach das Öl unterrühren. Gewürzgurke und hart gekochtes Ei klein würfeln und mit der Crème fraîche dazugeben. Die Petersilie untermischen, alles mit Salz und Pfeffer würzen.

6. Die panierten Hähnchenteile in einer Fritteuse oder einem hohen Topf im Öl goldbraun ausbacken. Dann kurz auf Küchenpapier abtropfen lassen und salzen. Auf vier Tellern mittig den Kartoffelsalat und daneben je 2–3 ausgebackene Hähnchenteile anrichten. Die Sauce tartare dazu servieren.

Zutaten

Zubereitungszeit:
80 Minuten

Für Filets und Sauce:

4 Scheiben Rinderfilet
(à 180 g)
Salz
Pfeffer
2 Zweige Thymian
Pflanzenöl
2 rote Zwiebeln
2 EL Zucker
200 ml Rotwein
50 ml Balsamico-Essig
(möglichst 24 Monate
alt)
2 EL kalte Butter

Für die Polenta:

100 ml Kalbsfond
Salz
100 g Instant-Polenta
50 g Parmesan
2 EL Olivenöl
frisch geriebene
Muskatnuss
Pfeffer

Und sonst noch:

1 Knoblauchzehe
Salz
50 g Butter
50 ml Olivenöl
1 Zweig Rosmarin

Rinderfilets

MIT BALSAMICOSAUCE UND POLENTA

1. Für die Filets den Backofen auf 160° vorheizen. Die Filets salzen und pfeffern. Thymian waschen, trocken schütteln. Öl in einer Pfanne erhitzen und die Filets darin mit dem Thymian von beiden Seiten braun anbraten. Dann im Ofen (Mitte) 14–16 Minuten garen.

2. Für die Sauce die Zwiebeln schälen, halbieren und in grobe Scheiben schneiden. In einem Topf den Zucker karamellisieren lassen, die Zwiebeln unterrühren und mit Rotwein und Essig ablöschen. Bei mittlerer Hitze köcheln lassen. Zum Schluss mit der kalten Butter aufrühren, mit Salz und Pfeffer abschmecken.

3. Für die Polenta den Kalbsfond in einen Topf geben und mit 300 ml Wasser verdünnen, salzen und aufkochen. Die Polenta hineingeben und nach Packungsangabe cremig garen. Dabei immer mal wieder durchrühren. Zum Schluss den Parmesan bis auf einen kleinen Rest in die Polenta reiben und mit dem Olivenöl glatt rühren. Mit 1 Prise Muskat, Salz und Pfeffer abschmecken.

4. Den Knoblauch schälen und mithilfe eines Messerrückens und mit etwas Salz zu Mus zerreiben. Butter und Olivenöl bei mittlerer Hitze erwärmen. Knoblauch dazugeben. Rosmarin waschen, trocken schütteln und die Nadeln fein hacken. Zur Knoblauch-Buttermischung geben.

5. Auf vier Tellern mittig je 2 EL Polenta anrichten, darauf je 1 Rinderfilet setzen. Balsamicosauce mit den Zwiebeln danebenlöffeln und das Fleisch mit der Knoblauch-Rosmarin-Butter beträufeln. Restlichen Parmesan über die Polenta raspeln und nach Belieben mit frittiertem Kartoffelstroh garnieren.

Steak-Rouladen

MIT
SÜSSKARTOFFEL-POMMES

1. Für die Rouladen den Backofen auf 170° vorheizen. Die Paprikaschoten und Zucchini putzen, waschen und in schmale Streifen schneiden. Rosmarin und Petersilie waschen, trocken schütteln, Nadeln und Blätter klein hacken. In einer Pfanne Olivenöl erhitzen. Darin Paprika, Zucchini, Petersilie und die Hälfte des Rosmarins anbraten. Mit Salz und Pfeffer würzen und beiseitestellen.

2. Für die Mayonnaise die Jalapeño putzen, waschen und klein hacken. Eigelb, Senf und Zitronensaft in einer Schüssel verrühren. Dann das Öl in einem dünnen Strahl unter Rühren einfließen lassen, bis eine Mayonnaise entsteht. Die Jalapeño, Crème fraîche, Sojasauce und Sambal Oelek unterrühren und alles mit Salz und Pfeffer abschmecken.

3. Das Fleisch in 4 gleichmäßig dünne Scheiben schneiden, evtl. etwas flacher drücken und von beiden Seiten mit Salz und Pfeffer würzen. Fleischscheiben auf einer Seite mit je ½ EL Senf bestreichen und mit dem Gemüse belegen. Zu Rouladen zusammenrollen und an den Nahtstellen mit Zahnstochern fixieren.

4. In einer Pfanne Olivenöl erhitzen. Die Rouladen darin bei starker Hitze rundherum anbraten. Dann auf ein Backblech geben und in 5–6 Minuten im Ofen medium garen.

5. Inzwischen die Süßkartoffeln schälen und in lange Stäbe schneiden, kurz in kaltem Wasser abspülen und gut trocken tupfen. In einer Fritteuse oder einem hohen Topf im Öl kross zu Pommes frites ausbacken. Mit grobem Meersalz und Pfeffer, Paprikapulver, Schnittlauch und dem restlichen Rosmarin bestreuen und gut vermengen.

6. Die Rouladen aus dem Ofen nehmen, die Zahnstocher entfernen und die Rouladen diagonal halbieren. Auf vier Tellern mit Süßkartoffel-Pommes und Jalapeño-Mayonnaise anrichten.

Zutaten

Zubereitungszeit:
25 Minuten

Für die Rouladen:
je 1 gelbe und rote
Paprikaschote
1 Zucchini
4 Zweige Rosmarin
4 Stängel Petersilie
Olivenöl
Salz und Pfeffer
600 g Flank Steak
(Bavette bzw. Dünnung
vom Rind am Stück)
2 EL Senf

Für die Mayonnaise:
1 Jalapeño-Chili-Schote
1 Eigelb, 1 TL Senf
1 Spritzer Zitronensaft
100 ml Pflanzenöl
1 EL Crème fraîche
1 TL Sojasauce
1 TL Sambal Oelek
Salz und Pfeffer

Für die Pommes:
2 Süßkartoffeln
Öl zum Frittieren
grobes Meersalz
grob gemahlener
schwarzer Pfeffer
edelsüßes Paprikapulver
2 EL fein geschnittene
Schnittlauchröllchen

Thai-Curry

VEGETARISCH

1. Für die Sauce die Zwiebel schälen, halbieren und in feine Streifen schneiden. Die Chili putzen, waschen und in Ringe schneiden. Vom Zitronengras die äußeren harten Hüllblätter entfernen, Zitronengras andrücken. Kaffirlimettenblätter waschen und trocken tupfen.

2. Das Öl in einer Pfanne erhitzen und die Zwiebel darin andünsten. Currypaste und Chili dazugeben und mit anschwitzen, mit der Kokosmilch ablöschen. Kaffirlimettenblätter und Zitronengras dazugeben und die Sauce bei mittlerer Hitze auf die Hälfte reduzieren. Danach Kaffirlimettenblätter und Zitronengras entfernen.

3. Für das Gemüse den Brokkoli waschen, vom Strunk befreien und in feine Röschen teilen. Die Möhren schälen, halbieren und schräg in dünne Scheiben schneiden. Die Zuckerschoten waschen und schräg halbieren. Die Pilze putzen und in Scheiben schneiden. Öl in einem Wok oder einer Pfanne erhitzen. Möhren, Brokkoli, Zuckerschoten und Pilze darin rührbraten. Mit Salz, Pfeffer, Sesamöl und Sojasauce abschmecken und warm stellen.

4. Die Mango schälen und das Fruchtfleisch in feine Streifen schneiden. Thai-Basilikum und Koriander waschen und trocken schütteln. Frühlingszwiebeln waschen, putzen und mit den Kräuterblättern fein hacken. Mango, Frühlingszwiebeln und die Kräuter bis auf 1 EL unter das Gemüse mischen.

5. Die Limette waschen, gut trocken tupfen und vierteln. Das Gemüse auf vier tiefen Tellern anrichten, je 1 Limettenviertel dazulegen. Die Kokossauce darüberlöffeln. Erdnüsse hacken und mit den restlichen gehackten Kräutern über das Thai-Curry streuen.

Zutaten

Zubereitungszeit:
20 Minuten

Für die Kokossauce:

1 Zwiebel
1 rote Chilischote
2 Stängel Zitronengras
2 Kaffirlimettenblätter
Pflanzenöl
2 EL grüne Currypaste
400 ml Kokosmilch

Für das Gemüse:

1 kleiner Brokkoli
2 Möhren
200 g Zuckerschoten
100 g Egerlinge
Pflanzenöl
Salz
Pfeffer
1 EL Sesamöl
2 EL Sojasauce
1 Thai-Mango
3 Stängel Thai-Basilikum
3 Stängel Koriandergrün
2 Frühlingszwiebeln
½ Bio-Limette
100 g ungesalzene Erdnusskerne

Zutaten

Zubereitungszeit:
25 Minuten

Für die Knödel:

250 g Graubrot (vom Vortag)
1 rote Zwiebel
1 Knoblauchzehe
90 g Butter
200 ml Milch
200 g Blattspinat, Salz
2 Eier
2 EL Semmelbrösel
Pfeffer, Muskatnuss
50 g Panko-Mehl

Für Ragout und Salat:

1 Zwiebel, 1 Kartoffel
2 EL Butter
1 TL gehackter Thymian
Salz und Pfeffer
50 ml Weißwein
150 g Sahne
150 ml Gemüsebrühe
50 g geriebener Gouda
1 EL Crème fraîche
2 EL fein geschnittener Schnittlauch
2 Bund Rucola
100 g Feldsalat
1 kleine Endivie
12 Kirschtomaten
1 Avocado
4 EL Weißweinessig
4 EL Gemüsebrühe
1 Eigelb, 1 TL Senf
2 EL Zwiebelwürfel
Zucker, Öl

Spinatknödel

MIT KARTOFFELRAGOUT

1. Für die Knödel das Brot würfeln und in eine Schüssel geben. Zwiebel und Knoblauch schälen, Zwiebel fein würfeln. 2 EL Butter in einer Pfanne erhitzen und die Zwiebel darin andünsten. Knoblauch dazudrücken und kurz mitdünsten. Mit der Milch ablöschen, über das Brot in der Schüssel gießen und die Masse einweichen lassen. Inzwischen den Blattspinat verlesen, waschen, in heißem Salzwasser blanchieren und kurz abkühlen lassen. Dann ausdrücken, fein schneiden und mit den Eiern und Semmelbröseln zur Brotmasse geben. Mit Salz, Pfeffer und Muskat würzen. Gut durchkneten und zu 8 kleinen Knödeln formen.

2. In einem Topf reichlich Salzwasser aufkochen, die Temperatur herunterdrehen und die Knödel im leicht siedenden Wasser ca. 12 Minuten garen. In einer Pfanne die übrige Butter langsam erhitzen, bis sie braun wird, das Panko-Mehl dazugeben, verrühren, salzen und beiseitestellen.

3. Inzwischen für das Ragout Zwiebel und Kartoffel schälen. Zwiebel in feine Streifen schneiden. Kartoffel würfeln. In einem Topf Butter erhitzen, Zwiebel, Kartoffel und Thymian darin andünsten. Mit Salz und Pfeffer würzen und mit Weißwein ablöschen. Sahne und Brühe dazugeben und alles bei schwacher Hitze 6–8 Minuten köcheln lassen, bis die Kartoffel gar ist. Den Gouda, Crème fraîche und Schnittlauch ins Ragout rühren und nochmals salzen und pfeffern.

4. Die Salate putzen, waschen, trocken schleudern und klein zupfen. Tomaten waschen, trocken tupfen und vierteln. Avocado schälen, entkernen und würfeln. Alles in einer Schüssel vermengen. Für das Dressing Essig, Brühe, Eigelb, Senf, Zwiebelwürfel, je ½ TL Salz und Zucker sowie etwas Pfeffer in einem hohen Gefäß mit einem Stabmixer verrühren. Langsam das Öl einlaufen lassen und mixen, bis die Sauce bindet. Mit dem Salat vermischen.

5. Das Kartoffelragout auf vier tiefe Teller verteilen, die Knödel aus dem Wasser nehmen, in der Panko-Butter schwenken und auf dem Ragout anrichten.

HENSSLERS
Superturbo

Zutaten

Zubereitungszeit:
8 Minuten

Für die Sauce:

2 EL Kräutertee (lose)
2 EL helle Misopaste
100 ml Geflügelfond
nach Belieben Chili-
pulver

Für den Crunch:

1 Kaki-Frucht
2 Reisplätzchen
2 EL Speisequark
Salz
Pfeffer
1 EL Zitronensaft

Für den Fisch:

300 g Sauerkraut
150 g Sahne
1 Stängel Minze
Salz
Pfeffer
2 Saiblingsfilets (à 200 g)
Pflanzenöl

Saibling

MIT MISOSAUCE UND KAKI-CRUNCH

1. Für die Sauce Kräutertee, Misopaste und Geflügelfond in eine Kasserolle geben, verrühren und erwärmen. Nach Belieben mit 1 Prise Chili würzen.

2. Für den Crunch die Kaki waschen, putzen und würfeln. Die Reisplätzchen zerkrümeln, mit Kaki und Quark vermengen. Salzen, pfeffern und mit Zitronensaft abschmecken.

3. Das Sauerkraut mit der Sahne in einen Topf geben, erhitzen und die Sahne kurz reduzieren. Minze waschen, trocken schütteln, die Blätter fein hacken und zum Sauerkraut geben. Salzen und pfeffern.

4. Saiblingsfilets entgräten und in 4 Stücke schneiden, mit Salz und Pfeffer würzen. In einer Pfanne das Öl stark erhitzen und den Fisch darin auf der Hautseite kross anbraten. Die Hitze herunterdrehen und den Fisch auf der anderen Seite glasig nachziehen lassen.

5. Auf vier Tellern zuerst je 2 EL Sauerkraut anrichten und darauf den Fisch legen. Mit Misosauce umträufeln und mit dem Kaki-Crunch toppen.

Rehmedaillons

MIT PASTINAKENPÜREE UND WAKAME

1. Für die Medaillons Backofen auf 160° vorheizen. Die Algen in lauwarmem Wasser 5 Minuten einweichen. Den Rehrücken, wenn nöfig, von Fett und Sehnen befreien. Das Fleisch in 4 Medaillons schneiden, salzen und pfeffern.

2. In einer Pfanne das Öl erhitzen und die Medaillons darin rundum goldbraun anbraten. Dann im Ofen (Mitte) fertig garen. Den Bratensatz in der Pfanne mit Calvados lösen, aufkochen und stark reduzieren. Mit Salz, Pfeffer und Zimt abschmecken.

8. Für das Püree die Pastinake waschen, schälen und grob raspeln. Mit der Sojamilch und 1 Prise Salz in einen Topf geben und in 5 Minuten gar kochen. Die Pastinake pürieren, mit Salz, Pfeffer und Muskatnuss abschmecken.

4. Die Algen gut ausdrücken, fein hacken und mit Mandarinensaft, Limettensaft und -schale, Sojasauce und Chili marinieren.

5. Auf vier Tellern mittig das Püree anrichten. Darauf je 1 Rehmedaillon setzen, mit den Algen toppen und mit der Calvadossauce umträufeln.

Zutaten

Zubereitungszeit:
8 Minuten

Für die Medaillons:

100 g Wakame-Algen
400 g Rehrücken
Salz
Pfeffer
Pflanzenöl
50 ml Calvados
Zimtpulver
Saft von 1 Mandarine
Saft und abgeriebene
Schale von 1 Bio-Limette
1 TL Sojasauce
Chilipulver

Für das Püree:

1 Pastinak
150 ml Sojamilch
Salz
Pfeffer
frisch geriebene
Muskatnuss

Entenbrust-Cordon-bleus

MIT ROTKOHLSALAT

1. Den Rotkohl putzen, waschen und auf einer Küchenreibe raspeln. Mit Rotweinessig und Olivenöl anmachen. Ingwer und Orangenschale fein hacken, unter den Rotkohl mischen. Mit Salz, Pfeffer und etwas Zucker abschmecken.

2. Die Entenbrust von Haut, Fett und Sehnen befreien. Die Brust vierteln, mit Frischhaltefolie abdecken und mit einem Plattiereisen oder einem Stieltopf mit schwerem Boden flach klopfen. Entenbruststücke salzen, pfeffern und auf einer Seite mit Leberwurst bestreichen. Zusammenklappen und die Cordon bleus mit Zahnstochern feststecken.

3. Das Mehl auf einen Teller geben, auf einem weiteren Teller das Ei verquirlen und auf einen dritten Teller die Erdnussflips zerkrümeln. Die Cordon bleus erst im Mehl wenden, dann durch das Ei ziehen und zum Schluss in den Erdnussflips wälzen. In einer Pfanne das Öl erhitzen, die Cordon bleus darin auf jeder Seite knusprig ausbacken. Mit dem Rotkohlsalat auf vier Tellern anrichten.

Zutaten

Zubereitungszeit:
8 Minuten

Für den Salat:
⅓ Kopf Rotkohl
1 EL Rotweinessig
3 EL Olivenöl
5 kleine Stücke
kandierter Ingwer
(in Sirup)
1 EL kandierte
Orangenschale
Salz
Pfeffer
Zucker

Für die Cordon bleus:
1 Entenbrust
Salz
Pfeffer
40 g Leberwurst
Mehl zum Wenden
1 Ei
50 g Erdnussflips
Pflanzenöl

Und sonst noch:
Frischhaltefolie
Plattiereisen
4 Zahnstocher

Zutaten

Zubereitungszeit: 8 Minuten

Für den Salat:
½ Bund Dill
2 Kaktusfeigen
1 EL Balsamico-Essig
2 EL Olivenöl
Salz
Pfeffer
1 Dose weiße Bohnen
2 Möhren

Für den Schweinebauch:
400 g Schweinebauch (angeräuchert und gegart)
1 Süßholzstange
Pflanzenöl
1 Handvoll getrocknete Jasminblüten
4 EL Sojasauce
2 EL Honig
Salz
Chilipulver

Weiße-Bohnen-Salat

MIT SCHWEINEBAUCH UND DILL

1. Für den Salat den Dill waschen, trocken tupfen und fein hacken. Die Schale der Kaktusfeigen mit einem Messer abziehen, das Fruchtfleisch in Würfel schneiden. Aus Essig, Öl, Dill, Salz und Pfeffer eine Vinaigrette rühren, Kaktusfeigen untermischen.

2. Die Bohnen in ein Sieb abgießen, gründlich abbrausen und abtropfen lassen. Möhren schälen, auf einer Küchenreibe grob raspeln. Möhren und Bohnen in einer Schüssel mit der Vinaigrette mischen.

3. Den Schweinebauch längs halbieren und in 8 Quadrate schneiden. Süßholz grob raspeln. Pflanzenöl in einer Pfanne erhitzen und den Schweinebauch darin bei starker Hitze rundum anbraten. Jasmin und Süßholz dazugeben. Mit Sojasauce ablöschen, Honig unterrühren und mit Salz und 1 Prise Chili abschmecken.

4. Auf vier tiefen Tellern mittig den Bohnensalat anrichten. Darauf den Schweinebauch und nach Belieben frittierten Dill setzen, mit Honig-Sojasauce umträufeln.

Instant-Polenta
Feiner Maisgrieß in kochendes Wasser, heiße Brühe oder Milch gerührt, dickt schon nach 2 Minuten an. Darf die Polenta insgesamt 5 Minuten auf dem Herd bleiben, dankt sie es mit vollerem Aroma.

Instant-Bulgur und -Couscous
Zauberweizengrieß für Schnellköche! Bulgur ist der gröbere Bruder des feineren Couscous. Beide einfach mit kochendem Wasser oder heißer Brühe übergießen und 5 Minuten quellen lassen. Mit einer Gabel auflockern, fertig ist die Basis für Currys, Ragouts und Co.!

Express-Basmati-Reis
Er kommt im Beutel daher und ist in der Mikrowelle nach 2 Minuten einsatzbereit. In der Pfanne braucht der Beutelinhalt mit 2 EL Wasser aufgekocht 3 Minuten.

Zack, zack-
Begleiter

Sie sorgen für Speed

beim Superturbo-Kochen und machen dabei kaum Arbeit.

Frische Pasta

Ins kochende Salzwasser werfen, 2 Minuten sprudelnd kochen lassen, abgießen, fertig!

Glasnudeln

Für Asia-Suppen in kochendem Salzwasser 3–4 Minuten vorgaren, kalt abschrecken. Nach Belieben mit einer Küchenschere kleiner schneiden, ab in die Brühe und 2–3 Minuten ziehen lassen.

Seitanschnitzel

MIT SPROSSENSALAT UND MOKKASCHAUM

1. Den Seitan in 4 dünne Schnitzel schneiden. Mehl in eine Schüssel geben, in einer zweiten die Eier verquirlen und in eine dritte das Panko-Mehl füllen. Seitanschnitzel erst im Mehl wenden, durch das Ei ziehen und zum Schluss im Panko-Mehl wälzen. Öl in einer Pfanne erhitzen und die Schnitzel darin ausbacken. Auf Küchenpapier abtropfen lassen, salzen und pfeffern.

2. Für die Sauce die Piri-Piri waschen, putzen. In einem Topf mit den Tomaten aufkochen, dann pürieren und mit Salz, Pfeffer und 1 Prise Zucker abschmecken.

8. Für den Salat Sprossen und Koriander waschen, trocken tupfen. Koriander bis auf 4 Blätter klein hacken. Reisessig, Sojasauce und Sesamöl vermischen, mit Salz und Pfeffer abschmecken. Koriander und Sprossen damit vermengen.

4. Für das Gemüse Pak Choi waschen, Shitake-Pilze putzen und beides grob schneiden. Olivenöl in einer Pfanne erhitzen, Pilze und Pak Choi darin anbraten.

5. Für den Schaum die Milch aufkochen, aufschäumen und langsam den Mokka und je 1 Prise Zimt und Pfeffer dazugeben. Nochmals kurz durchschäumen.

6. Auf vier Tellern mittig das Gemüse und darauf jeweils 1 Schnitzel anrichten. Mit dem Sprossensalat toppen, Tomatensauce und Mokkaschaum in zwei Kreisen drumherumlöffeln. Mit übrigen Korianderblättern garnieren.

Zutaten

Zubereitungszeit: 8 Minuten

Für Schnitzel und Sauce:

250 g Seitan
100 g Mehl
2 Eier
100 g Panko-Mehl (oder Semmelbrösel)
Pflanzenöl
Salz
Pfeffer
½ Piri-Piri-Schote
2 geschälte Tomaten (aus der Dose)
Zucker

Für Salat und Gemüse:

150 g Sprossen-Mix
1 Stängel Koriandergrün
1 EL Reisessig
1 TL Sojasauce
2 EL Sesamöl
Salz
Pfeffer
1 Mini-Pak-Choi
100 g Shitake-Pilze
Olivenöl

Für den Schaum:

100 ml Milch
2 EL kalter Mokka (türkischer Kaffee)
Zimtpulver
Pfeffer

Zutaten

Zubereitungszeit:
8 Minuten

Für die Milch:

100 g Sahne
100 ml Milch
2 EL Haselnusscreme

Für Koteletts, Sauce und Salat:

Pflanzenöl
2 TL Tomatenmark
100 ml Rotwein
1 Rosmarinzweig
Salz
Pfeffer
1 TL Ras el-Hanout
8 Lammkoteletts
100 g geputzter Spinat
1 Grapefruit
2 Stängel Koriandergrün
2 Stängel Minze
1 EL Reisweinessig

Lammkoteletts

MIT GRAPEFRUITSALAT UND HASELNUSSMILCH

1. Für die Milch in einer Kasserolle Sahne und Milch mit der Nusscreme verrühren und langsam erwärmen.

2. In einer zweiten Kasserolle 1 EL Öl erhitzen und das Tomatenmark darin anrösten, mit Rotwein ablöschen. Rosmarin waschen, trocken schütteln und die Nadeln klein hacken. Zur Rotweinsauce geben, mit Salz, Pfeffer und ½ TL Ras el-Hanout abschmecken.

3. In einer großen Pfanne Öl erhitzen. Die Lammkoteletts darin rundum bei starker Hitze anbraten. Den Spinat in dünne Streifen schneiden und dazugeben. Alles mit Salz, Pfeffer und ½ TL Ras el-Hanout würzen.

4. Die Grapefruit schälen, Filets aus den Trennhäuten schneiden und halbieren. Koriander und Minze waschen, trocken schütteln und die Blätter fein hacken. Mit den Grapefruitfilets vermischen und mit Salz, Pfeffer und Reiswein marinieren.

5. Für jede Person drei kleine Gänge anrichten: In ein Schälchen Grapefruitsalat geben, auf einen Teller Spinat und darauf je 2 Lammkoteletts setzen und in ein weiteres Gefäß die Haselnussmilch füllen.

Zutaten

Zubereitungszeit:
8 Minuten

Für Salsa und Croûtons:

1 kleine Dose
geschälte Tomaten
(240 g Abtropfgewicht)
3 Stängel Minze
Salz
Pfeffer
120 g Graubrot
(vom Vortag)
Olivenöl
Szechuan-Pfeffer

Für Lamm und Sauce:

1 kleine Tüte
Colorado-Mischung
300 g Lammkrone
(oder 8 Lammkoteletts)
Salz
Pfeffer
Olivenöl
1 EL kalte Butter
Saft und abgeriebene
Schale von 1 Bio-Limette

Lammkoteletts

MIT TOMATEN-SALSA UND LAKRITZSAUCE

1. Für die Salsa die Dosentomaten in je 3 Stücke schneiden, dabei den Strunk entfernen. Minze waschen, trocken schütteln und die Blätter klein hacken. Die Tomaten samt Saft in einen Topf geben, aufkochen und den Saft um ein Drittel reduzieren lassen. Die Minzeblätter unterrühren und die Salsa mit Salz und Pfeffer abschmecken.

2. Für das Lamm aus der Colarado-Mischung die Lakritze und Vampire (Fruchtgummi mit Lakritz) herausnehmen. Von der Lammkrone Fett und Sehnen entfernen und das Fleisch in 8 Koteletts schneiden. Mit Salz und Pfeffer würzen.

3. Olivenöl in einer großen Pfanne erhitzen, die Koteletts darin bei mittlerer Hitze rundum braten. Dann herausnehmen und ruhen lassen. Lakritze in die Pfanne geben, mit 100 ml Wasser ablöschen und zu einer sämigen Sauce verkochen. Kalte Butter in die Lakritzsauce rühren, mit Salz, Pfeffer, Limettensaft und etwas -schale abschmecken. Dann durch ein feines Sieb passieren.

4. Für die Croûtons das Graubrot grob würfeln. Olivenöl in einer Pfanne erhitzen und die Brotwürfel darin bei mittlerer Hitze rundum goldbraun braten. Den Szechuan-Pfeffer in einem Mörser zerstoßen und dazugeben. Croûtons salzen und auf Küchenpapier abtropfen lassen.

5. Auf vier Tellern Tomaten-Salsa anrichten, darauf Croûtons und je 2 Lammkoteletts anrichten. Mit der Lakritzsauce beträufeln.

Zutaten

Zubereitungszeit:
8 Minuten

Für das Tatar:

2 Wolfsbarsche
(à 400–500 g)
2 Nori-Blätter (Asia-
Laden)
2 Möhren
1 Trüffel (aus dem Glas)
½ Bund Schnittlauch
Sojasauce
Salz
Pfeffer

Für die Bratkartoffeln:

4 Pellkartoffeln
2 Stängel glatte
Petersilie
Pflanzenöl
2 kleine Baisers
Salz
Chilipulver

Und sonst noch:

1 Anrichtering

Wolfsbarsch-Tatar

MIT BAISER-BRATKARTOFFELN

1. Für das Tatar die Fische filetieren, entgräten und von der Haut befreien. Die Filets klein würfeln und das Tatar in einer Schüssel beiseitestellen. Die Nori-Blätter mit den Händen zerbröseln. Die Möhren schälen und auf einer Gemüsereibe grob raspeln. Die Trüffel fein würfeln. Schnittlauch waschen, trocken schütteln und bis auf 8 etwa 6 cm lange Schnittlauchspitzen in Röllchen schneiden. Nori, Möhren, Trüffel und Schnittlauchröllchen unter das Tatar mischen, mit Sojasauce, Salz und Pfeffer abschmecken.

2. Für die Bratkartoffeln die Kartoffeln pellen und in Scheiben schneiden. Petersilie waschen, trocken schütteln und die Blätter fein hacken. In einer Pfanne das Öl erhitzen und die Kartoffeln darin bei mittlerer Hitze rundum goldbraun anbraten. Die Baisers in die Bratkartoffeln bröseln und kurz karamellisieren lassen. Petersilie unterrühren, mit Salz und Chilipulver würzen.

3. Auf vier Tellern mithilfe eines Anrichterings das Tatar mittig platzieren. Die Baiser-Kartoffeln danebensetzen und mit den Schnittlauch-spitzen garnieren.

Lachs

MIT CURRY-POPCORN UND RADICCHIOSALAT

1. Den Lachs von der Haut befreien und kurz in Sojasauce marinieren. In einem Topf Öl erhitzen. 2 EL Popcornmais hineingeben, den Topf mit dem Deckel verschließen und den Mais poppen lassen. Restlichen Mais in einer Küchenmaschine fein mahlen. Das Popcorn mit Salz und etwas Curry abschmecken.

2. Für den Salat die Schokolade in einem kleinen Topf schmelzen lassen. Die Chilis putzen, waschen und in feine Ringe schneiden. Mit Sojasauce, Öl, geschmolzener Schokolade, Grapefruitsaft und Petersilie zum Dressing rühren. Den Radicchio putzen, waschen und trocken schleudern. In feine Streifen schneiden, dabei das Weiße weglassen, und mit dem Dressing vermengen.

3. Den Lachs auf einer Seite salzen und mit Maismehl panieren. In einer Pfanne Öl erhitzen und den Lachs darin auf der panierten Seite kurz anbraten.

4. Den Radicchiosalat mittig auf vier Tellern anrichten. Den Lachs als Sashimi aufschneiden, auf dem Salat verteilen, leicht salzen und pfeffern. Das Curry-Popcorn darübergeben und mit Rosenblättern garnieren.

Zutaten

Zubereitungszeit:
8 Minuten

Für Popcorn und Lachs:
200 g Lachsfilet
2 EL Sojasauce
Pflanzenöl
50 g Popcornmais
Salz
1 TL Currypulver
Maismehl zum Panieren

Für den Salat:
½ Riegel Zartbitterschokolade
je ½ grüne und rote Chilischote
1 EL Sojasauce
2 EL Pflanzenöl
Saft von 1 Pink Grapefruit
1 EL fein gehackte glatte Petersilie
1 Radicchio
Pfeffer
1 EL fein gezupfte Rosenblätter

Zutaten

Zubereitungszeit:
8 Minuten

Für den Couscous:

1 große Zucchini
½ Pck. geputzte Keniabohnen
Pflanzenöl
Salz
100 g Instant-Couscous
10 Stängel Schnittlauch
Pfeffer
Chilipulver
Saft und abgeriebene Schale von ½ Bio-Zitrone

Für den Tofu:

1 EL Kreuzkümmel
1 Müsli-Nuss-Riegel
200 g Tofu
Pflanzenöl
½ Mango

Tofu

MIT KREUZKÜMMEL-MÜSLI-KRUSTE

1. Die Zucchini und Bohnen putzen und waschen. Zucchini in sehr feine lange Streifen schneiden. Öl in einer Pfanne erhitzen, Zucchini und Bohnen darin rührbraten, dann salzen.

2. Den Couscous nach Packungsangabe zubereiten. Schnittlauch waschen, trocken schütteln und in Röllchen schneiden. Couscous mit Salz, Pfeffer, Chili, Zitronensaft und -schale würzen. Schnittlauch und gebratenes Gemüse unterziehen.

3. Kreuzkümmel und Müsliriegel im Universalzerkleinerer oder im Mörser fein mahlen. Den Tofu vierteln, Nuss-Kümmel-Mischung darauf verteilen, festdrücken und Tofu auf der Krustenseite in heißem Pflanzenöl braten. Die Mango schälen und das Fruchtfleisch klein würfeln.

4. Den Gemüse-Couscous auf vier Tellern anrichten. Je 1 Stück Tofu dazulegen, Mangowürfel drüber- und drumherumstreuen.

HENSSLERS
Desserts

Künefe

MIT GRAPEFRUIT-KOMPOTT

1. Für das Kompott in einer Pfanne und einer Kasserolle je 60 g Zucker karamellisieren lassen. Die Grapefruits schälen und die Filets aus den Trennhäuten schneiden. Dabei den Saft auffangen und restlichen Saft aus den Häuten dazupressen. Mit dem Grapefruitsaft das Karamell im Topf ablöschen. Die Filets und 1 Sternanis dazugeben, Filets bei ganz schwacher Hitze im entstandenen Sud ziehen lassen.

2. Für den Krokant die Pistazien im Karamell in der Pfanne rundum mit Zucker ummanteln, abkühlen lassen und dann grob hacken.

3. Für die Künefe den Mozzarella in 4 Scheiben schneiden und abtropfen lassen. Das Engelshaar zerzupfen. Den Apfel schälen, das Kerngehäuse mit einem Apfelausstecher entfernen. Den Apfel in 8 dünne Scheiben schneiden.

4. Aus Engelshaar, Apfel- und Mozzarellascheiben im Wechsel 4 Türmchen aufschichten. Dabei mit Engelshaar abschließen. In einer Pfanne Butter und Pflanzenöl erhitzen, die Türmchen darin rundum knusprig ausbacken. Danach kurz auf Küchenpapier abtropfen lassen.

5. Für das Pesto die Minze waschen, trocken schütteln und die Blätter klein hacken. Mit Olivenöl und Zucker zum süßen Pesto vermischen. Speisestärke mit 2 EL Wasser verrühren und das Grapefruitkompott damit binden, nochmals aufkochen lassen. Sternanis entfernen.

6. Künefe mittig auf vier Tellern anrichten, mit etwas Limettensaft beträufeln und nach Belieben mit reichlich Puderzucker bestäuben. Das Grapefruitkompott danebengeben, mit dem Minze-Pesto beträufeln und mit Pistazienkrokant bestreuen.

Zutaten

Zubereitungszeit:
20 Minuten

Für Kompott und Krokant:

120 g Zucker
2 Pink Grapefruits
1 Sternanis
70 g Pistazienkerne

Für Künefe und Pesto:

300 g Mozzarella
200 g Engelshaar (Kadayif, Teigfäden aus dem türkischen Feinkostladen)
1 Apfel
100 g Butter
50 ml Pflanzenöl
4 Stängel Minze
2 EL Olivenöl
1 EL Zucker
1 TL Speisestärke
Saft von 1 Limette
nach Belieben Puderzucker

Zutaten

Zubereitungszeit:
25 Minuten

Für die Schokoherzen:

90 g dunkle Kuvertüre
100 g Butter
80 g Zucker
2 Eigelb
2 Eier
90 g Mehl

Für die Feigen:

3 EL Zucker
200 ml Portwein
4 Feigen
1 Prise Zimtpulver
1 TL Speisestärke

Für die Mousse:

200 g Sahne
2 EL Zucker
1 EL Vanillezucker
50 g Joghurt

Und sonst noch:

Butter und Mehl für
die Formen
4 kleine
Herzbackformen (oder
runde Förmchen)
Zartbitterschokolade
und Puderzucker zum
Garnieren

Schokoherzen

MIT FEIGEN UND JOGHURTMOUSSE

1. Für die Schokoherzen den Backofen auf 180° vorheizen. Die Kuvertüre grob hacken und mit der Butter in einer Schüssel über einem heißen Wasserbad schmelzen lassen. Den Zucker einrühren und die Schokomischung vom Wasserbad nehmen.

2. Eigelbe und Eier einrühren, Mehl unterheben. Die Backformen buttern und mit Mehl ausstäuben. Leicht abklopfen und dann die Schokomasse einfüllen. Im Ofen (Mitte) 12 Minuten backen, die Küchlein sollen in der Mitte noch flüssig sein.

3. Für die Feigen in einem Topf den Zucker karamellisieren lassen, mit Portwein ablöschen und auf die Hälfte reduzieren. Die Feigen putzen, waschen und vierteln. Mit Zimt verrühren und bei schwacher Hitze im Portwein ziehen lassen. Die Speisestärke mit 2 EL Wasser verrühren, in den Sud rühren und damit binden.

4. Für die Mousse die Sahne mit Zucker und Vanillezucker steif schlagen. Dann den Joghurt einarbeiten.

5. Auf vier Dessertteller etwas Schokolade raspeln. Schokokuchen aus der Form auf die Teller stürzen. Das Feigenkompott seitlich anlegen. Mit je 1 Sahne-Joghurtnocke im Dreieck krönen und mit Puderzucker bestäuben.

Crêpes

MIT HEIDELBEEREIS UND KARAMELL-ORANGEN

1. Für das Eis die Heidelbeeren mit Joghurt, Sahne und Zucker vermengen. Alles in einer Küchenmaschine oder mit dem Stabmixer pürieren. In die Eismaschine füllen und in etwa 20 Minuten zu Eis rühren.

2. Für die Crêpes Ei, Eigelb und Zucker, Milch, Mehl, flüssige Butter und das Vanillemark zu einem dünnflüssigen Pfannkuchenteig rühren. Kurz ruhen lassen.

3. Für die Früchte den Zucker in einer Pfanne karamellisieren lassen. Die Orangen mit einem Messer schälen, dabei auch die weiße Haut so gut wie möglich entfernen. Orangen in Scheiben schneiden und mit dem Sternanis in den Karamellansatz geben. Die Beeren putzen, wenn nötig, waschen und trocken tupfen. Mit Himbeergeist und gesiebtem Puderzucker abschmecken.

4. Je 1 TL Butter in einer Pfanne erhitzen und darin nacheinander 4 dünne Crêpes ausbacken.

5. Die Crêpes mit je 2 EL Beeren füllen und zusammenrollen. Auf vier Teller verteilen, Orangenscheiben danebensetzen und die Crêpes mit Orangenkaramell beträufeln. Daneben je 1 Nocke Heidelbeereis setzen und über jeden Teller etwas Zartbitterschokolade raspeln.

Zutaten

Zubereitungszeit:
20 Minuten

Für das Eis:

300 g Heidelbeeren
150 g Joghurt
100 g Sahne
4 EL Zucker

Für die Crêpes:

1 Ei
1 Eigelb
1 EL Zucker
65 g Mehl
125 ml Milch
1 EL flüssige Butter
Mark von 1 Vanilleschote
4 TL Butter

Für die Früchte:

100 g Zucker
2 Orangen
1 Sternanis
100 g frische
Beeren (Himbeeren,
Brombeeren,
Heidelbeeren)
2 cl Himbeergeist
Puderzucker

Und sonst noch:

Eismaschine
30 g Zartbitter-
schokolade

Zutaten

Zubereitungszeit:
80 Minuten

Für die Soufflés:

200 ml Milch
70 g Zucker
40 g Mehl
20 g Butter
5 cl Calvados
4 Eigelb
6 Eiweiß
Puderzucker

Für die Äpfel:

3 EL Zucker
2 EL Butter
2 Äpfel
7 cl Calvados
50 g Mehl
1 Ei
50 g Panko-Mehl
(oder Semmelbrösel)
Pflanzenöl
1 TL Zimtpulver
100 g Sahne

Und sonst noch:

4 Souffléförmchen
Butter und Zucker für
die Formen

Calvados-Soufflés

MIT ZWEIERLEI ÄPFELN

1. Für die Soufflés den Backofen auf 200° vorheizen. Milch, Zucker und Mehl mit einem Schneebesen in einem kleinen Topf verrühren. Das Ganze unter Rühren aufkochen, bis es bindet. Die Masse in eine Schüssel geben, Calvados und Eigelbe unterrühren. Die Eiweiße steif schlagen und vorsichtig unterheben.

2. Die Souffléförmchen ausbuttern und mit Zucker ausstreuen. Die Förmchen zu drei Vierteln mit der Masse befüllen und die Soufflés im Ofen (Mitte) 20 Minuten backen. 2 Minuten vor Ende der Backzeit die Soufflés mit etwas Puderzucker bestäuben.

8. Für die Äpfel in einer Pfanne 2 EL Zucker in der Butter karamellisieren lassen. Die Äpfel schälen und mit einem Apfelausstecher die Kerngehäuse entfernen. 1 Apfel in Achtel schneiden. Die Karamellmasse mit 4 cl Calvados ablöschen und die Apfelstücke darin schwenken.

4. Den zweiten Apfel in Ringe schneiden. Mehl, das verquirlte Ei und Panko-Mehl auf drei Teller geben. Die Apfelringe erst im Mehl wenden, dann durch das Ei ziehen und zum Schluss im Panko-Mehl wälzen.

5. Reichlich Pflanzenöl in einer Pfanne erhitzen und die Apfelringe darin schwimmend ausbacken. 1 EL Zucker mit dem Zimt vermengen und beiseitestellen. Die Sahne mit 3 cl Calvados in einem Topf bei mittlerer Hitze reduzieren.

6. Die Karamellapfelstücke auf vier Dessertteller verteilen. Die Soufflés aus den Förmchen stürzen, mit Puderzucker bestäuben und danebensetzen. Die Sahnemischung mit einem Stabmixer dicklich aufschlagen. Je 1 Klecks neben die Karamelläpfel löffeln. Je 1 Apfelbeignet danebensetzen, mit Zimt-Zucker bestreuen und servieren.

Zutaten

Zubereitungszeit:
20 Minuten

Für Eier
und Sauce:

500 ml Milch
Mark von 1 Vanilleschote
150 g Zucker
4 Eier
100 g Puderzucker
2 Sternanise
1 Msp. Zimtpulver
50 g Pistazienkerne
50 g Butter
2 EL Panko-Mehl (oder
Semmelbrösel)
2 Stängel Minze
abgeriebene Schale von
½ Bio-Orange

Und sonst noch:

Puderzucker zum
Bestäuben

Schnee-Eier

MIT KARAMELLSAUCE

1. Die Milch mit Vanillemark und 50 g Zucker in einen Topf geben und erhitzen. Die Eier trennen und die Eiweiße mit dem Puderzucker steif schlagen.

2. Mit zwei Esslöffeln vom Eischnee 8 Nocken abstechen, in die heiße Vanillemilch setzen und darin in 8–10 Minuten gar ziehen lassen. Dabei zwischendurch wenden. Die Schnee-Eier aus der Milch nehmen und auf einem Tuch abtropfen lassen.

3. Für die Sauce den restlichen Zucker mit Sternanis und Zimt in einem Topf karamellisieren lassen. Mit der Vanillemilch aufgießen und leicht einkochen. Die Eigelbe verquirlen. Die Karamellmilch vom Herd nehmen und die Eigelbe vorsichtig einrühren. Die Masse zurück auf den Herd setzen, aufschlagen und bei schwacher Hitze andicken lassen. (Die Masse darf nicht zu heiß werden, sonst gerinnt das Ei.) Die Karamellsauce abseihen und mit dem Stabmixer schaumig rühren.

4. Die Pistazien in einer Pfanne ohne Fett anrösten, dann klein hacken. In einem Topf die Butter schmelzen und das Panko-Mehl darin knusprig anrösten. Die Pistazien dazugeben. Die Minze waschen, trocken schütteln und die Blätter klein hacken.

5. Die Karamellsauce auf vier tiefe Teller verteilen, darauf je 2 Schnee-Eier setzen. Mit Puderzucker bestäuben und mit der Pistazien-Brösel-Butter toppen. Mit etwas Orangenschale und der Minze bestreuen, servieren.

Mascarpone-küchlein

MIT HIMBEER-CRUMBLE

1. Für das Küchlein den Backofen auf 200° vorheizen.
Die Eier trennen. Die Eigelbe mit 100 g Puderzucker und 75 g Butter auf-
schlagen. Vanillemark, Speisestärke, Zitronensaft und -schale unterrühren.
Mascarpone, Sahne und Quark mit dem Handrührgerät schaumig schlagen.
Die Eiweiße mit Salz und 50 g Puderzucker ebenfalls schaumig rühren. Alles
vorsichtig vermengen.

2. Die Butterkekse zerkrümeln und mit 50 g Butter verkneten. Die Kekskrümelmasse auf dem Boden der Springform verteilen
und festdrücken. Die Mascarponemasse einfüllen und im Backofen (Mitte)
30 Minuten backen.

3. Für den Crumble Butter, Zucker und Mehl zu einer Streusel-
masse kneten. Die gefrorenen Himbeeren mit Puderzucker und Himbeergeist vermengen. In eine kleine Auflaufform geben und die Streusel darüber
verteilen. 15 Minuten zusammen mit dem Mascarponeküchlein im Ofen
backen.

4. Mascarponeküchlein und Himbeer-Crumble in Stücke
teilen und auf vier Tellern anrichten. Mit Puderzucker bestäuben und mit
Minzeblättern garnieren.

Zutaten

Zubereitungszeit:
35 Minuten

Für das Küchlein:

3 Eier
150 g Puderzucker
125 g weiche Butter
Mark von ½ Vanille-
schote
3 EL Speisestärke
Saft und abgeriebene
Schale von 1 Bio-Zitrone
190 g Mascarpone
100 g Sahne
190 g Quark
1 Prise Salz
75 g Butterkekse

Für den Crumble:

100 g weiche Butter
100 g Zucker
175 g Mehl
250 g TK-Himbeeren
50 g Puderzucker
4 cl Himbeergeist

Und sonst noch:

1 Springform (18 cm Ø)
Puderzucker
4 klein gezupfte
Minzeblätter

Zutaten

Zubereitungszeit:
25 Minuten

Für die Hippen:

80 g Puderzucker
80 g Mehl, 1 Eiweiß
100 ml Milch
2 EL Haselnusskerne

Für das Blitzeis:

2 Stängel Basilikum
300 g TK-Erdbeeren
4 EL Puderzucker
1 Schuss weißer Rum
6 EL Crème fraîche

Für die Pancakes:

1 Ei
60 ml Mineralwasser
60 ml Milch
20 g flüssige Butter +
Butter zum Ausbacken
1 EL Zucker
125 g Mehl, Salz
150 g frische Himbeeren

Für die Sauce:

150 ml Milch
2 EL Zucker
Mark von ½ Vanille-
schote
2 TL Speisestärke

Und sonst noch:

Silikonbackmatte
Pistaziengrieß
Puderzucker

Beeren-Zweierlei

MIT HIPPEN

1. Für die Hippen den Backofen auf 180° vorheizen. Puderzucker, Mehl, Eiweiß und Milch mit den Quirlen des Handrührgeräts glatt verrühren. Sollten Klümpchen entstehen, den Teig durch ein Sieb streichen.

2. Die Silikonbackmatte auf einem Backblech auslegen. Die Hippenmasse in 4 Portionen daraufstreichen. Dazu mit einem Teelöffel 4 Häufchen auf die Matte setzen, dann gleichmäßig und dünn zu flachen Kreisen ausstreichen. Die Haselnüsse auf den Teig streuen.

8. Die Hippen im Ofen in 4–5 Minuten goldbraun backen. Kurz vor Ende der Backzeit immer wieder in den Ofen schauen und die Hippen rechtzeitig herausnehmen. Sie sollen nicht zu dunkel werden. Die noch heißen Hippen schnell über einen Holzlöffelstiel legen und einmal einrollen. Dann vorsichtig vom Löffelstiel abziehen und abkühlen lassen.

4. Für das Eis Basilikum waschen, trocken schütteln und die Blätter abzupfen. Mit den gefrorenen Erdbeeren, Puderzucker, Rum und Crème fraîche im Standmixer oder mit dem Stabmixer zu einem Blitzeis verarbeiten. Im Gefrierfach kalt stellen.

5. Für die Pancakes das Ei trennen. Eigelb mit Mineralwasser, Milch, flüssiger Butter, Zucker und gesiebtem Mehl in einer Schüssel verrühren. Das Eiweiß mit 1 Prise Salz zu Eischnee schlagen und unter die Eigelbmasse heben. In einer Pfanne bei mittlerer Hitze die Butter schmelzen und darin 4 Pancakes goldbraun ausbacken. Dabei einmal wenden. Himbeeren verlesen und vor dem Wenden die Früchte in den von oben noch weichen Pancake-Teig setzen.

6. Für die Vanillesauce Milch, Zucker und Vanillemark in einem Topf verrühren. Speisestärke mit Wasser anrühren und die Vanillemilch damit binden. Die Pancakes auf vier Teller verteilen und mit der Vanillesauce übergießen. Das Eis in Nocken auf etwas Pistaziengrieß anrichten, damit es nicht verrutscht. Alles mit je 1 Hippe krönen und mit Puderzucker bestäuben.

Kaiserschmarrn

MIT APFELKOMPOTT

1. Für den Schmarrn den Backofen auf 200° vorheizen. Die Eier trennen. Die Eiweiße mit Salz und 40 g Zucker steif schlagen. Die Eigelbe mit 40 g Zucker schaumig rühren. 50 g Butter schmelzen und dazugeben. Mehl und Milch zu einem glatten Teig verrühren. Vorsichtig mit Eigelben und Eischnee vermengen.

2. In einer tiefen ofenfesten Pfanne 3 EL Butter schmelzen. Die Teigmasse einfüllen, mit Rosinen bestreuen und 12 Minuten im Ofen (Mitte) backen.

3. Für das Kompott in einem Topf den Zucker mit dem Weißwein einkochen, bis er karamellisiert. Die Äpfel schälen, von den Kerngehäusen befreien und in feine Schnitze schneiden. Die Vanilleschote längs aufschneiden und das Mark auskratzen.

4. Äpfel, Vanillemark und -schote zum Karamell geben. Evtl. noch 1 Schuss Weißwein dazugeben und mit Zimt, Nelke und Anis würzen. Die Äpfel weich kochen lassen, Vanilleschote entfernen. Äpfel kurz mit dem Stabmixer pürieren und mit Zitronenverbene abschmecken. Apfelkompott auf vier Schälchen verteilen.

5. In einer Pfanne 100 g Zucker mit 50 g Butter karamellisieren lassen. Den Schmarrn aus dem Ofen nehmen, mithilfe von zwei Gabeln zerreißen und durch den Karamell ziehen. Mit Puderzucker bestäuben und auf vier großen Tellern mit dem Apfelkompott anrichten.

Zutaten

Zubereitungszeit:
25 Minuten

Für den Schmarrn:
4 Eier
1 Prise Salz
180 g Zucker
130 g Butter
100 g Mehl
160 ml Milch
4 EL Rosinen

Für das Kompott:
70 g Zucker
70–80 ml Weißwein
4 Äpfel
1 Vanilleschote
1 TL Zimtpulver
1 Prise gemahlene Gewürznelken
1 Prise gemahlener Sternanis
1 TL gehackte Zitronenverbene

Und sonst noch:
Puderzucker zum Bestäuben

Zutaten

Zubereitungszeit:
20 Minuten

Für das Gelee:

2 Granatäpfel
50 ml Kirschwasser
4 cl Grenadine
50–60 g Zucker
5 g Agar-Agar
nach Belieben 1 Spritzer
Zitronensaft

Für Biskuit und Schokolade:

4 Eier
Salz
80 g Zucker
80 g Mehl
1 TL Backpulver
2 EL Speisestärke
100 g weiße
Schokoladendrops

Für die Creme:

250 g Mascarpone
100 g Sahne
Mark von 1 Vanilleschote
1 EL Zucker
Saft und abgeriebene
Schale von ½ Bio-
Zitrone

Und sonst noch:

Mehl oder Backpapier
fürs Backblech
1 Ausstechförmchen
2 Stängel Minze

Mascarpone-törtchen

MIT GRANATAPFELGELEE

1. Für das Gelee die Granatäpfel halbieren oder vierteln und die Kerne aus der Schale klopfen. In einem Topf mit Kirschwasser, Grenadine und 50 g Zucker erhitzen. Mit einem Stabmixer pürieren und nach Packungsangabe Agar-Agar einrühren, noch mal aufkochen lassen. Nach Belieben mit Zucker und Zitronensaft abschmecken und die Mischung auf einen großen, flachen Teller gießen. Im Kühlschrank gelieren lassen.

2. Für den Biskuit den Backofen auf 220° vorheizen. Die Eier trennen. Die Eiweiße mit 1 Prise Salz steif schlagen. Die Eigelbe mit dem Zucker aufschlagen. Das Mehl mit Backpulver und Speisestärke mischen, dazusieben und unterrühren. Danach den Eischnee unterheben.

3. Den Biskuitteig auf ein mit Mehl bestäubtes oder Backpapier ausgelegtes Blech streichen. Im Ofen (Mitte) in 10 Minuten goldgelb backen. Biskuit dann herausnehmen, abkühlen lassen und die Backofentemperatur auf 180° runterschalten. Die Schokoladendrops auf ein mit Backpapier ausgelegtes Blech geben und im Ofen (Mitte) karamellisieren lassen.

4. Für die Creme Mascarpone und Sahne mit Vanillemark und Zucker aufschlagen. Mit etwas Zitronensaft und -schale abschmecken.

5. Aus dem Biskuit vier Kreise ausstechen und diese waagerecht halbieren. Auf die Hälfte der Biskuitkreise 1 Nocke Mascarponecreme geben, restliche Biskuitkreise daraufsetzen. Aus dem Gelee vier Kreise ausstechen und auf die oberen Biskuitkreise setzen. Die gebrannte Schokolade in Stücke brechen und auf dem Gelee anrichten. Die Minze waschen, trocken tupfen und die Blätter fein hacken. Die Mascarponetörtchen mit der Minze bestreuen.

Zitronenbaiser-Muffins

MIT BEERENKOMPOTT UND SCHOKOSAUCE

1. Für die Muffins den Backofen auf 175° vorheizen. Butter, Zucker, 1 Prise Salz, Eier und Mehl zu einem Rührteig schlagen. 1 TL Zitronenschale und den Zitronensaft unterrühren. Die Muffin- oder kleinen Backformen dünn einfetten, den Teig einfüllen. Im Ofen (Mitte) 18 Minuten backen.

2. Puderzucker sieben. Eiweiße steif schlagen, dabei nach und nach den Puderzucker und 1 TL Zitronenschale dazugeben. Je 2 EL Baisermasse nach 8 Minuten Backzeit – der Muffinteig soll oben geschlossen sein, aber auf Druck nachgeben – auf die Muffins geben und 10 Minuten weiterbacken, bis das Baiser Farbe angenommen hat.

3. Für das Kompott die Beeren verlesen und, wenn nötig, waschen. Den Zucker in einem Topf karamellisieren lassen, mit dem Rotwein ablöschen und die Beeren dazugeben. Bei schwacher Hitze ziehen lassen.

4. Für die Sauce die Schokolade grob zerteilen und in einer Schüssel über einem heißen Wasserbad schmelzen lassen. Ingwer schälen und fein reiben. Mit Chili, Orangenschale und Sahne unter die Schokolade rühren.

5. Die Zitronenbaiser-Muffins aus den Förmchen heben und mittig auf vier Tellern anrichten. Daneben je 1 Klecks Beerenkompott setzen und alles mit Schokoladensauce umträufeln.

Zutaten

Zubereitungszeit:
25 Minuten

Für die Muffins:
100 g Butter
100 g Zucker
Salz
3 Eier
200 g Mehl
2 TL abgeriebene Zitronenschale
2 EL Zitronensaft
100 g Puderzucker
2 Eiweiß

Für Kompott und Sauce:
200 g gemischte Beeren
100 g Zucker
50 ml Rotwein
200 g Zartbitterschokolade
1 nussgroßes Stück frischer Ingwer
1 Prise Chilipulver
abgeriebene Schale von 1 Bio-Orange
70 g Sahne

Und sonst noch:
4 Muffin- oder kleine Backformen
Butter für die Formen

Bananen im Teigmantel

Bananen halbieren, mit einer Gabel rundum einstechen und nach Belieben kurz mit braunem Rum marinieren. Frühlingsrollen- oder Strudelteig (Kühltheke) passend zuschneiden, Bananenhälften daraufsetzen, mit Haselnussblättern bestreuen und im Teig einrollen. Die Päckchen gut verschließen und in Erdnussöl (175°) 2–3 Minuten frittieren. Sofort mit Schokosauce (Fertigprodukt) servieren.

Karamellisierte Beeren-Tarteletts

Tarteletts (Fertigprodukt) mit Vanille- oder Grießpudding (Kühltheke) füllen. Mit Beeren nach Wahl belegen und mit Mini-Marshmallows toppen. Unterm Backofengrill karamellisieren.

Süßes für Ungeduldige

Auch Naschkatzen,

die es nicht abwarten können, sollen ihr Traum-Dessert bekommen. Nur wenige Handgriffe, und die Schleckermäulchen sind zufrieden.

Gegrillte Ananas mit Mascarponeschaum

Frische Ananasscheiben in braunem Zucker wälzen. In einer Grillpfanne oder auf dem Holzkohlegrill garen. 3 Eigelb mit 70 g Zucker schaumig schlagen, Mascarpone unterziehen, mit geriebener Zitronenschale bestreuen und zur Grill-Ananas reichen.

Blitz-Schoko-Mousse

200 g geschmolzene Zartbitterschokolade (55 % Kakaoanteil) und 180 ml Kaffee oder Orangensaft mit dem Stabmixer glatt rühren. Auf einem Eis-Wasserbad mit den Quirlen des Handrührgeräts in 5 Minuten schaumig schlagen. Im Kühlschrank in 10–15 Minuten fester werden lassen. Als Nocken auf Erdbeerscheiben oder anderen Früchten servieren, mit Schokoraspeln garnieren.

Zutaten

Zubereitungszeit:
25 Minuten

Für die Makronen:

3 Eier, Salz
200 g Zucker
200 g Haselnusskerne
1 Spritzer Zitronensaft
1 TL abgeriebene
Zitronenschale

**Für Sauce
und Salat:**

150 g Zartbitter-
schokolade
1 Zweig Rosmarin
50 g Sahne
2 EL Crème fraîche
⅓ Ananas
2 Stängel Minze
12 Himbeeren
1 EL Puderzucker
abgeriebene Schale und
Saft von 1 Bio-Orange
1 Spritzer Zitronensaft

Für die Sahne:

250 g Sahne
Mark von 1 Vanilleschote
2 EL Puderzucker
1 Prise Zimtpulver
1 EL abgeriebene
Orangenschale
2 cl Kirschwasser
Minzeblättchen

Nussmakronen

MIT FRUCHTSALAT UND SCHOKOSAUCE

1. Für die Makronen die Eier trennen. Die Eiweiße mit 1 Prise Salz steif schlagen, dabei nach und nach den Zucker einrieseln lassen. Backofen auf 140° vorheizen.

2. Die Haselnüsse ohne Fett in einer Pfanne anrösten. Sobald sie leicht Farbe angenommen haben, vom Herd nehmen. 8 Nüsse beiseitelegen, restliche Nüsse in einer Küchenmaschine fein hacken.

3. Fein gehackte Nüsse, Zitronensaft und -schale unter den Eischnee heben. Die Masse in den Spritzbeutel füllen und 8 Makronen von etwa 6 cm Durchmesser auf ein mit Backpapier ausgelegtes Blech spritzen. Auf jede Makrone 1 Haselnuss setzen, im Ofen (Mitte) 15 Minuten backen.

4. Für die Sauce die Schokolade grob zerteilen und in einer Schüssel über einem heißen Wasserbad schmelzen. Den Rosmarin waschen, trocken schütteln und die Nadeln sehr fein hacken. Mit der Sahne und Crème fraîche unter die Schokolade rühren.

5. Für den Salat Ananas putzen, das Fruchtfleisch klein schneiden. Minze waschen, trocken schütteln und die Blätter klein hacken. Himbeeren verlesen, mit Ananas, Minze, Puderzucker, Orangenschale und etwas -saft zum Fruchtsalat vermischen. Nach Belieben mit etwas Zitronensaft abschmecken. Die Sahne schlagen, mit Vanillemark, Puderzucker, Zimt, Orangenschale und Kirschwasser aromatisieren.

6. Den Fruchtsalat auf vier Dessertteller verteilen, daneben einen kleinen Schokosaucenspiegel gießen. Je 2 Makronen anlegen und mit Puderzucker bestäuben. Im Dreieck zu den restlichen Komponenten die Sahne aufspritzen, mit Minzeblättchen garnieren.

Arme Ritter

MIT KIRSCHRAGOUT

1. Für das Kirschragout in einer Kasserolle den Zucker karamellisieren lassen. Sternanis dazugeben, mit Rotwein ablöschen und die Kirschkonfitüre unterrühren. Die Flüssigkeit bei mittlerer Hitze auf die Hälfte reduzieren. Die Stärke mit 2 EL Wasser anrühren und die Rotweinmischung damit binden. Die Kirschen unterrühren und bei schwacher Hitze ziehen lassen.

2. Für die Armen Ritter die Mandelblättchen in einer Pfanne ohne Fett bei schwacher Hitze anrösten, beiseitestellen. Die Eier mit Zucker, Zimt und Vanillemark verquirlen. Die Bananen schälen und schräg in Scheiben schneiden. Panko-Mehl auf einen Teller geben.

8. Die Tramezzini halbieren, durch das verquirlte Ei ziehen und danach im Panko-Mehl wenden. Reichlich Butter in einer Pfanne erhitzen und die Tramezzini-Hälften darin von beiden Seiten anbraten. 4 Tramezzini-Hälften mit Bananenscheiben belegen, mit Mandelblättchen bestreuen und mit den übrigen Tramezzini-Hälften abdecken.

4. Tramezzini diagonal teilen und auf vier Tellern anrichten. Das Kirschragout danebengeben. Sahne in die Pfanne geben, in der die Tramezzini angebraten wurden, und unter Rühren erhitzen. Diese Sauce noch neben die Armen Ritter löffeln, mit den Minzespitzen garnieren und mit Puderzucker bestäuben.

Zutaten

Zubereitungszeit:
20 Minuten

Für das Ragout:
100 g Zucker
1 Sternanis
200 ml Rotwein
2 EL Kirschkonfitüre
1 TL Speisestärke
250 g TK-Kirschen

Für die Armen Ritter:
100 g Mandelblättchen
2 Eier
2 EL Zucker
1 Prise Zimtpulver
Mark von 1 Vanilleschote
2 Bananen
100 g Panko-Mehl
(oder Semmelbrösel)
4 Scheiben Tramezzini-Weißbrot
Butter
50 g Sahne

Und sonst noch:
4 Minzespitzen zum Garnieren
Puderzucker zum Bestäuben

Zutaten

Zubereitungszeit:
25 Minuten

Für die Tarteletts:

200 g Mehl
50 g Zucker
100 g Butter
1 Eigelb

Für das Kompott:

2–3 EL brauner Zucker
4 reife Feigen
100 ml Rotwein
¼ TL abgeriebene
Zitronenschale
1 Orange

Für den Käse:

4 Zweige Thymian
2 EL Olivenöl
2 EL Honig
150 g cremiger Feta
(Schafskäse)
70 g Sahne

Und sonst noch:

4 Tartelettförmchen
Butter für die Formen

Tarteletts

MIT FEIGENKOMPOTT UND SCHAFSKÄSE

1. Für die Tarteletts den Backofen auf 200° vorheizen. Aus Mehl, Zucker, Butter und Eigelb rasch einen Mürbeteig kneten. (Er wird besonders fein, wenn er noch ½ Stunde im Kühlschrank ruhen kann.)

2. Die Tartelettförmchen leicht mit Butter fetten. Den Teig portionsweise ausrollen und in die Förmchen drücken. Mit einer Gabel einstechen. Tarteletts im Ofen (Mitte) in 10 Minuten goldgelb backen. Herausnehmen, schnell, aber vorsichtig stürzen.

3. Für das Kompott 2 EL Zucker in einer Pfanne karamellisieren lassen. Die Feigen waschen, trocken tupfen und achteln. Zum Karamell geben und mit Rotwein ablöschen. Zitronenschale unterrühren und die Flüssigkeit bei mittlerer Hitze reduzieren. Die Orange schälen und die Filets aus den Trennhäuten schneiden. Filets zu den Feigen geben und mit dem übrigen Zucker abschmecken.

4. Für den Käse Thymian waschen, trocken tupfen und die Blätter klein hacken. In einer Pfanne das Olivenöl erhitzen. Thymian, bis auf 1 EL, darin anschwenken, den Honig dazugeben und kurz erwärmen. Den Schafskäse in diese Mischung bröckeln und mit der Sahne zu einer cremigen Masse verrühren.

5. Die Tarteletts mit der Käsemischung füllen und das Feigenkompott darauf verteilen. Mit dem restlichen gehackten Thymian bestreuen und servieren.

Gefüllte Crêpes

MIT PORTWEIN-SABAYON

1. Für die Crêpes die Eier mit 1 EL Zucker, 1 Prise Salz und Milch verrühren. Das Mehl dazusieben und zu einem glatten Teig verarbeiten. Kurz ruhen lassen.

2. Für die Füllung die Sahne mit 2 EL Zucker und Vanillemark steif schlagen. Vorsichtig den Quark unterheben und beiseitestellen. Die Banane schälen und in Scheiben schneiden. 2 EL Zucker in einer Pfanne karamellisieren lassen und die Bananenscheiben im Karamell wenden, dabei Farbe annehmen lassen.

3. Für das Sabayon die Eigelbe mit Zucker und Portwein in einer Metallschüssel verrühren. Die Schüssel über ein heißes Wasserbad setzen und die Mischung mit dem Schneebesen dicklich-cremig aufschlagen.

4. In einer Pfanne portionsweise das Butterschmalz erhitzen. Darin nacheinander aus dem Teig 4 dünne Crêpes ausbacken. Die Crêpes mit je einem Streifen Quark-Sahne belegen, darauf die Karamellbananenscheiben setzen und zusammenrollen. Die Crêpes mit etwas braunem Zucker bestreuen und die drei Crêpes mit dem Bunsenbrenner knusprig karamellisieren.

5. Die Crêpes mittig auf vier Tellern anrichten. Mit dem Portwein-Sabayon übergießen, mit etwas Puderzucker bestäuben und mit Minzeblättern bestreuen.

Zutaten

Zubereitungszeit:
20 Minuten

Für Crêpes und Füllung:
2 Eier
5 EL brauner Zucker
Salz
150 ml Milch
100 g Mehl
125 g Sahne
Mark von ½ Vanilleschote
75 g Quark (40 %)
1 Banane
Butterschmalz

Für das Sabayon:
4 Eigelb
2 EL Zucker
120 ml Portwein

Und sonst noch:
brauner Zucker
Bunsenbrenner
Puderzucker zum Bestäuben
Minzeblätter zum Garnieren

Zutaten

Zubereitungszeit:
25 Minuten

Für den Eierkuchen:
3 Eier
Salz
2 EL Zucker
75 g Mehl
½ TL Backpulver
Mark von 1 Vanilleschote
Butter
1 Zitrone
1 Orange

Für die Sauce:
50 g Espressobohnen
40 g Zucker
200 g Sahne
2 Eigelb

Für das Kompott:
100 g gemischte frische
Beeren
2 EL Puderzucker

Und sonst noch:
1 Anrichtering
Puderzucker zum
Bestäuben

Zitrus-Eierkuchen

MIT BEERENKOMPOTT UND ESPRESSOSAUCE

1. Für den Eierkuchen den Backofen auf 180° vorheizen. Die Eier trennen und die Eiweiße mit 1 Prise Salz steif schlagen. Eigelbe in einer Schüssel mit dem Zucker über einem heißen Wasserbad dicklich-cremig aufschlagen. Die Schüssel vom Wasserbad nehmen und Mehl, Backpulver und Vanillemark in die Eigelbmischung rühren. Dann den Eischnee vorsichtig unterheben.

2. In einer ofenfesten Pfanne die Butter erhitzen und den Eierkuchenteig darin 2 Minuten anbacken. Die Zitrusfrüchte schälen und die Filets aus den Trennhäuten schneiden. In den Eierkuchen sinken lassen und diesen im Ofen (Mitte) stocken lassen.

3. Für die Sauce die Espressobohnen in einem Mörser oder im Universalzerkleinerer grob mahlen. 1 EL davon abnehmen, ganz fein mahlen und beiseitestellen. In einem Topf den Zucker karamellisieren lassen. Die grob gemahlenen Bohnen dazugeben, durchs Karamell schwenken und die Sahne dazugießen. Alles bei starker Hitze köcheln lassen. In einer Schüssel die Eigelbe aufschlagen. Die Espressosahne absieben und zu den Eigelben geben. Aufschlagen und kurz beiseitestellen.

4. Für das Kompott die Beeren putzen, wenn nötig, waschen und gut trocken tupfen. In einer Pfanne den Puderzucker karamellisieren lassen und die Beeren darin kurz durchschwenken.

5. Auf vier Tellern jeweils etwa 2 EL Beerenkompott anrichten. Mit dem Anrichtering 4 Eierkuchenkreise ausstechen, diese mit Puderzucker bestäuben und an das Kompott legen. Mit der Espressosauce umträufeln und die fein gemahlenen Espressobohnen über die Sauce sieben.

Erdbeer-Tiramisu

IM GLAS

1. Löffelbiskuits nebeneinander in eine flache Schale legen, mit Kaffee beträufeln und vollsaugen lassen. Die Erdbeeren waschen, trocken tupfen und putzen. 5 Erdbeeren pürieren, mit etwas Zitronensaft und Puderzucker abschmecken. Die ganzen Erdbeeren, bis auf 8 Stück, in feine Scheiben schneiden und mit einem Viertel des Erdbeerpürees marinieren.

2. Sahne mit 1 ½ EL Zucker, Mascarpone und Vanillemark steif schlagen. Die Eigelbe mit 1 ½ EL Zucker dicklich-cremig schlagen, unter die Mascarponecreme ziehen.

3. In vier kleinen Gläsern zweimal im Wechsel Löffelbiskuits, Erdbeeren und Mascarponecreme schichten und mit Zitronenschale bestreuen. Tiramisu im Kühlschrank so lange wie möglich – am besten 2 Stunden – kalt stellen.

4. Kurz vor dem Servieren 2 EL Zucker in einem kleinen Topf karamellisieren lassen und das restliche Erdbeerpüree unterrühren, warm halten.

5. Über jedes Tiramisu etwas Zimt, Kakao und Puderzucker sieben. Nach Belieben mit frittierten Erdbeeren garnieren und mit Erdbeerkaramell umträufeln.

Zutaten

Zubereitungszeit: 25 Minuten

100 g Löffelbiskuits
100 ml kalter Espresso
400 g Erdbeeren
etwas Saft und abgeriebene Schale von 1 Bio-Zitrone
Puderzucker
100 g Sahne
80 g Zucker
250 g Mascarpone
Mark von ½ Vanilleschote
2 Eigelb

Und sonst noch:

Zimt-, Kakaopulver und Puderzucker zum Bestäuben

Zutaten

**Zubereitungszeit:
20 Minuten**

Für Creme und Ananas:

1 Ananas
2 EL Zucker
2 EL Butter
100 ml lieblicher Cidre
Mark von 1 Vanilleschote
1 Ei + 1 Eigelb
1 TL Speisestärke
50 g Sahne
½ grüner Apfel

Für die Crêpes:

50 g Zartbitter-
schokolade Erdbeer
50 g Zartbitter-
schokolade Orange
1 Ei
60 g Mehl
Salz
5 EL Zucker
90 ml Milch
Butter
100 g Himbeeren
100 g Sahne

Und sonst noch:

50 g Mandelblättchen
1 EL Zucker
Bunsenbrenner

Ananas-Cidre-Creme

MIT CRÊPESRÖLLCHEN

1. Den Backofen auf 120° vorheizen. Die Ananas schälen, fünf-teln und entstrunken. Ein Fünftel des Fruchtfleischs pürieren. Zucker mit But-ter in einer Pfanne karamellisieren lassen und 4 Ananasspalten darin rundum goldbraun anbraten. Im Ofen warm stellen.

2. Das Ananasfruchtfleisch durch ein Sieb geben, mit Cidre, Vanillemark, Ei und Eigelb in einer Schüssel vermengen. Über einem heißen Wasserbad dicklich-cremig zum Sabayon aufschlagen. In einem kleinen Topf die Speisestärke mit der Sahne verrühren und aufkochen. Kurz abkühlen lassen und unter das Sabayon ziehen, alles weiter abkühlen las-sen. Apfel schälen und ohne Kerngehäuse in feine Späne hobeln. Unter die Creme ziehen.

3. In einer Pfanne die Mandelblättchen mit dem Zucker goldgelb anrösten und sofort vom Herd nehmen. Die Schokolade grob zerteilen und in einem Schälchen über einem heißen Wasserbad schmelzen lassen.

4. Für die Crêpes Ei, Mehl, 1 Prise Salz und 1 EL Zucker verrüh-ren. Mit der Milch zu einem dünnflüssigen Crêpesteig verrühren. In einer Pfanne portionsweise die Butter erhitzen und darin nacheinander 4 dünne Crêpes ausbacken. Je 1 EL geschmolzene Schokolade auf die Crêpes vertei-len, darauf etwas Creme und die Himbeeren geben. Crêpes zusammenrol-len, mit je 1 EL Zucker bestreuen und mit dem Bunsenbrenner karamellisie-ren. 100 g Sahne aufschlagen und unter die restliche Creme heben.

5. Auf vier Tellern je 1 Karamellananasviertel anrichten, dane-ben 1 Crêpesröllchen setzen und mit Mandelblättchen bestreuen. Die Creme in vier kleine Schälchen füllen und mit auf die Teller stellen.

Zutaten

Zubereitungszeit:
15 Minuten

Für das Eis:

300 g TK-Beeren-
mischung
100 ml Crème fraîche
100 ml Buttermilch
50 g Puderzucker
Saft und abgeriebene
Schale von 1 Bio-Limette
Salz

Für das Sabayon:

1 Vanilleschote
5 Eigelb
1 Prise frisch geriebene
Tonkabohne
50 g Zucker
2 cl Calvados
100 ml trockener
Weißwein

Für das Kompott:

2 Orangen
1 Grapefruit
100 g Zucker
100 ml frisch gepresster
Orangensaft
10 ml Zitronensaft
1 Sternanis

Und sonst noch:

4 Stängel Minze
Puderzucker zum
Bestäuben

Blitzeis

MIT TONKA-SABAYON UND ZITRUSKOMPOTT

1. Für das Eis die tiefgefrorenen Beeren mit Crème fraîche, Buttermilch, Puderzucker, Limettensaft und etwas Limettenschale mit dem Stabmixer pürieren. Bis zum Servieren ins Tiefkühlfach stellen.

2. Für das Sabayon die Vanilleschote längs aufschneiden und das Mark herauskratzen. In einer Metallschüssel über einem Wasserbad die Eigelbe mit Vanillemark und -schote, Tonkabohne, Zucker, Calvados und Weißwein mit dem Schneebesen dicklich-cremig aufschlagen.

3. Für das Kompott Orangen und Grapefruit schälen, die Filets aus den Trennhäuten schneiden. Den Zucker in einem Topf karamellisieren lassen, mit Orangen- und Zitronensaft ablöschen. Sternanis und Zitrusfilets dazugeben, kurz ziehen lassen. Zum Schluss das Kompott nach Belieben noch mit mehr Zucker oder Zitronensaft abschmecken.

4. Das Beereneis in Nocken auf Teller verteilen. Das Zitrus-kompott und das Sabayon dazugeben. Minze waschen und trocken tupfen. Jeden Teller mit 1 Stängel Minze garnieren und mit Puderzucker bestäuben.

Zutaten

Zubereitungszeit:
25 Minuten

Für die Creme:

200 ml Mandelmilch
Mark von 2 Vanille-
schoten
6 EL Rohrzucker
1 TL Agar-Agar-Pulver
abgeriebene Schale von
1 Bio-Limette
50 g Mandelmus
75 g Seidentofu

Für den Crunch:

100 g Zartbitter-
schokolade
4 EL Zucker
25 g Amaranth-Pops
1 Prise gemörserter
roter Pfeffer

Für das Kompott:

4 EL Zucker
100 ml roter Portwein
je 1 Handvoll
gefriergetrocknete
Brombeeren und
Himbeeren
1 TL Speisestärke
abgeriebene Schale von
1 Bio-Orange
je 1 Schale
Heidelbeeren,
Himbeeren und
Brombeeren

Vanillecreme

MIT BEERENKOMPOTT

1. Für die Creme in einer großen Kasserolle Mandelmilch mit Vanillemark und 2 EL Rohrzucker erhitzen. Sobald die Milch kocht, das Agar-Agar einrühren und 2 Minuten weiterköcheln lassen. Dann vom Herd nehmen und mit dem Schneebesen Limettenschale, Mandelmus und Seidentofu einarbeiten.

2. Eine Schüssel mit Eiswürfeln vorbereiten. Die Vanille-Tofu-Masse in eine Rührschüssel füllen, in die Schüssel mit den Eiswürfeln stellen und die Masse kalt rühren. Dann auf vier Timbale-Förmchen verteilen und im Gefrierfach kalt stellen.

3. Inzwischen für den Schoko-Crunch die Schokolade in einem Schälchen auf einem heißen Wasserbad schmelzen lassen. In einem Topf den Zucker karamellisieren lassen, dann die Amaranth-Pops und den Pfeffer unterrühren und die Masse auf einen flachen, mit Backpapier ausgelegten Teller gießen. Kurz abkühlen und dann im Gefrierfach fest werden lassen. Dann das Karamell grob zerbrechen, durch die Schokolade ziehen und erneut auf Backpapier kalt stellen.

4. Für das Kompott in einem Topf den Zucker karamellisieren lassen. Mit dem Portwein ablöschen, die gefriergetrockneten Früchte dazugeben und kurz köcheln lassen. Die Stärke mit 2 EL Wasser verrühren, die Sauce damit unter Rühren binden und mit Orangenschale abschmecken. Die frischen Beeren verlesen und mit der Sauce mischen.

5. Die erkaltete, gestockte Vanillecreme mit je 1 EL Rohrzucker bestreuen. Mit dem Bunsenbrenner abflämmen, bis der Zucker schmilzt und bernsteinfarben wird.

6. Die Vanillecreme in den Timbale-Förmchen auf vier flache Teller stellen. Daneben das Beerenkompott anrichten, den Schoko-Crunch darüber verteilen.

Zutaten

Zubereitungszeit:
25 Minuten

**Für Sauce
und Waffeln:**
80 g Zucker
je 50 ml Rotwein und
roter Portwein
1 TL Speisestärke
250 g Blaubeeren
abgeriebene Schale von
1 Bio-Orange
30 g weiche Butter
2 Eier
abgeriebene Schale von
½ Bio-Zitrone
Mark von ½ Vanille-
schote
150 g Sahne
100 g Mehl
1 Prise Salz

Für die Mousse:
150 g griechischer
Sahnejoghurt
150 g Sahne
abgeriebene Schale von
½ Bio-Zitrone
2 Zweige Rosmarin
3 EL Honig

Und sonst noch:
Öl fürs Waffeleisen
Puderzucker zum
Bestäuben

Blaubeerwaffeln

MIT ROSMARIN-JOGHURT-MOUSSE

1. Für die Sauce 2 EL Zucker in einer Pfanne karamellisieren lassen. Mit Rot- und Portwein ablöschen und bei mittlerer Hitze auf die Hälfte reduzieren. Die Stärke mit 2 EL Wasser anrühren und die Sauce damit binden. Blaubeeren verlesen, waschen, trocken tupfen und drei Viertel davon in die Sauce geben. Mit Orangenschale abschmecken.

2. Für die Mousse den Joghurt mit Sahne und Zitronenschale aufschlagen. Den Rosmarin waschen, trocken schütteln und die Nadeln fein hacken. Mit dem Honig in einen kleinen Topf geben, kurz erhitzen und dann abkühlen lassen. Den Rosmarinhonig in die Joghurt-Sahne-Mischung geben und verrühren.

3. Für die Waffeln die Butter und 60 g Zucker in einer Rührschüssel schaumig schlagen. Die Eier trennen, nacheinander die Eigelbe zur Butter-Zucker-Mischung geben und jeweils gut unterrühren. Dann Zitronenschale, Vanillemark, Sahne und zum Schluss das Mehl untermengen.

4. Die Eiweiße mit Salz steif schlagen und vorsichtig unter den Waffelteig heben. Das Waffeleisen aufheizen, mit etwas Öl fetten. Pro Waffel je ca. 4 EL Teig hineingeben, gut verteilen und goldbraun backen. Vor dem Schließen des Waffeleisens jeweils ein paar von den übrigen Blaubeeren in den noch flüssigen Teig streuen und mitbacken.

5. Die Blaubeerwaffeln mit der Sauce auf vier Teller anrichten. Mithilfe von zwei Esslöffeln von der Joghurtmousse 4 Nocken abstechen, formen und zu den Waffeln setzen. Alles mit Puderzucker bestäuben.

Frisch gepresster Orangensaft gefällig?

Blindkochen im Dessertgang gegen Oliver Wnuk. Die Jury war begeistert und hat ein Unentschieden gewertet.

Manche Spiele haben es besonders in sich. Eiweißaufschlagen gehört dazu.

Sarah Knappik trat damals mit einer verletzten Hand an. Da dachte ich mir, das mache ich doch mit und habe das Dessert mit nur einer Hand gekocht – und auch gewonnen.

In der Sendung kam es zum Trikottausch mit einem Zuschauer. Er bekam meine Kochjacke, und ich wollte unbedingt dieses wunderbare T-Shirt haben. Nach der Sendung gab es einiges an Zuschauerpost ;)

LUSTIGE MOMENTE BEI

Das Kochen auf hohen Schuhen war eigentlich eine super Idee. Man darf halt nur nicht ausrutschen. In der Sendung habe ich trotzdem das erste und einzige Mal einen Komplettdurchmarsch geschafft. Den Händen geht's mittlerweile wieder gut!

Duelle gegen Detlef sind das Salz in der Suppe bei „Grill den Henssler". In der Sendung war der Wetteinsatz: Wer gegrillt wird, muss sich tätowieren lassen und ein Tutu anziehen. Zum Glück habe ich gewonnen, aber weil wir Kumpels sind, habe ich mich fürs Dessert auch noch schick gemacht.

REZEPTREGISTER

A
Ananas-Cidre-Creme mit Crêpesröllchen 178
Arme Ritter mit Kirschragout 169
Avocado-Sellerie-Salat mit Garnelen und Zitrusbutter 50

B
Backhähnchen mit Kartoffelsalat und Sauce tartare 108
Bananen im Teigmantel 164
Beeren-Zweierlei mit Hippen 157
Blaubeerwaffeln mit Rosmarin-Joghurt-Mousse 184
Blitz-Crostini mit cremigem Schafskäse-Mix 52
Blitz-Crostini mit fruchtig-würzigem Fenchel-Birnen-Salat 53
Blitz-Crostini mit Räucherlachstatar auf Frischkäse 52
Blitz-Crostini mit Ziegenkäse und Rote-Bete-Salsa 53
Blitz-Schoko-Mousse 165
Blitzeis mit Tonka-Sabayon und Zitruskompott 180
Blutwurst mit Aprikosen-Chutney 103
Bunter Wiesensalat mit Meeresfrüchten 59

C
Calvados-Soufflés mit zweierlei Äpfeln 150
Crêpes mit Heidelbeereis und Karamell-Orangen 149
Curry-Kürbissuppe mit Perlhuhn-Saté 60

D
Damwildrücken mit Süßkartoffelpüree 107
Dreierlei von der Garnele 35

E
Entenbrust mit Selleriepüree und Ananaskompott 79
Entenbrust-Birnen-Spieße mit Fenchelsalat 100
Entenbrust-Cordon-bleus mit Rotkohlsalat 125
Erdäpfelkas mit Räuchersaibling 64
Erdbeer-Tiramisu im Glas 177

G
Gambas mit Gemüsesalsa und Avocadosalat 44
Gefüllte Crêpes mit Portwein-Sabayon 173
Gegrillte Ananas mit Mascarponeschaum 165
Grilled Cheese-Sunday mit Paprika-Salsa 43

H
Hähnchen mit Mojo rojo und Spinatsalat 85
Hirschkalbsrücken mit Mangold 94

I
Indisches Curry 76

K
Kaiserschmarrn mit Apfelkompott 159
Kalbsfilet im Tramezzini-Mantel mit Spargel 93
Karamellisierte Beeren-Tarteletts 164
Knusper-Möhren-Topping 97
Künefe mit Grapefruit-Kompott 145

L
Lachs mit Curry-Popcorn und Radicchiosalat 139
Lachs mit Estragonkruste und Schwarzwurzeln 82
Lachsfrikadellen mit Spargelsalat 67
Lammkoteletts mit Grapefruitsalat und Haselnussmilch 132
Lammkoteletts mit Tomaten-Salsa und Lakritzsauce 134

M
Maissuppe mit Teriyaki-Hähnchenspieß 69
Mascaroneküchlein mit Himbeer-Crumble 155
Mascarponetörtchen mit Granatapfelgelee 160
Möhrensüppchen mit Flusskrebsen 48

N
Nussmakronen mit Fruchtsalat und Schokosauce 166

O
Orangen-Möhren-Gemüse 97

P
Pommes mit Schaschlik und scharfer Mango-Salsa 32

R
Ratatouille mit Hähnchen und Garnelen 63
Rehmedaillons mit Pastinakenpüree und Wakame 123
Rehrücken Badischer Art 86
Rinderfilets mit Balsamicosauce und Polenta 110
Rindertatar mit Kapern und Tomatensalat 47
Rote-Bete-Suppe mit Jakobsmuscheln 56
Rustikal-Möhren 96

S
Saibling mit Misosauce und Kaki-Crunch 120
Salat-Möhren 96
Saltimbocca alla Romana mit Himbeersauce 89
Schnee-Eier mit Karamellsauce 152
Schokoherzen mit Feigen und Joghurtmousse 146
Schollenröllchen mit Kartoffelstampf 81
Schweinefilet in Knoblauch-Orangensauce 99
Seitanschnitzel mit Sprossensalat und Mokkaschaum 131
Sellerie-Cappuccino mit Schweinebäckchen 36
Spinatknödel mit Kartoffelragout 116
Steak-Rouladen mit Süßkartoffel-Pommes 113

T
Tagliatelle Frutti di Mare 73
Tarteletts mit Feigenkompott und Schafskäse 170
Thai-Curry vegetarisch 115
Thunfischtatar mit Linsen und Orangensugo 39
Tofu mit Kreuzkümmel-Müsli-Kruste 140

V
Vanillecreme mit Beerenkompott 182
Vitello makrelo mit Kapern 70

W
Waldpilze mit Selleriepüree und Perlzwiebeln 40
Weiße-Bohnen-Salat mit Schweinebauch und Dill 126
Wolfsbarsch mit Rote-Bete-Mango-Salat 55
Wolfsbarsch-Tatar mit Baiser-Bratkartoffeln 136

Z
Zander mit Möhren und Birnen 90
Zitronenbaiser-Muffins mit Beerenkompott und Schokosauce 163
Zitrus-Eierkuchen mit Beerenkompott und Espressosauce 174
Zwiebelrostbraten mit Herbstgemüse 104

REZEPTREGISTER NACH GÄNGEN

Vorspeisen

Avocado-Sellerie-Salat mit Garnelen und Zitrusbutter   50
Blitz-Crostini mit cremigem Schafskäse-Mix   52
Blitz-Crostini mit fruchtig-würzigem Fenchel-Birnen-Salat   53
Blitz-Crostini mit Räucherlachstatar auf Frischkäse   52
Blitz-Crostini mit Ziegenkäse und Rote-Bete-Salsa   53
Bunter Wiesensalat mit Meeresfrüchten   59
Curry-Kürbissuppe mit Perlhuhn-Saté   60
Dreierlei von der Garnele   35
Erdäpfelkas mit Räuchersaibling   64
Gambas mit Gemüsesalsa und Avocadosalat   44
Grilled Cheese-Sunday mit Paprika-Salsa   43
Lachsfrikadellen mit Spargelsalat   67

Maissuppe mit Teriyaki-Hähnchenspieß   69
Möhrensüppchen mit Flusskrebsen   48
Pommes mit Schaschlik und scharfer Mango-Salsa   32
Ratatouille mit Hähnchen und Garnelen   63
Rindertatar mit Kapern und Tomatensalat   47
Rote-Bete-Suppe mit Jakobsmuscheln   56
Sellerie-Cappuccino mit Schweinebäckchen   36
Tagliatelle Frutti di Mare   73
Thunfischtatar mit Linsen und Orangensugo   39
Vitello makrelo mit Kapern   70
Waldpilze mit Selleriepüree und Perlzwiebeln   40
Wolfsbarsch mit Rote-Bete-Mango-Salat   55

Hauptspeisen

Backhähnchen mit Kartoffelsalat und Sauce tartare   108
Blutwurst mit Aprikosen-Chutney   103
Damwildrücken mit Süßkartoffelpüree   107
Entenbrust mit Selleriepüree und Ananaskompott   79
Entenbrust-Birnen-Spieße mit Fenchelsalat   100
Hähnchen mit Mojo rojo und Spinatsalat   85
Hirschkalbsrücken mit Mangold   94
Indisches Curry mit Huhn   76
Kalbsfilet im Tramezzini-Mantel mit Spargel   93
Lachs mit Estragonkruste und Schwarzwurzeln   82

Rehrücken Badischer Art   86
Rinderfilets mit Balsamicosauce und Polenta   110
Saltimbocca alla Romana mit Himbeersauce   89
Schollenröllchen mit Kartoffelstampf   81
Schweinefilet in Knoblauch-Orangensauce   99
Spinatknödel mit Kartoffelragout   116
Steak-Rouladen mit Süßkartoffel-Pommes   113
Thai-Curry vegetarisch   115
Zander mit Möhren und Birnen   90
Zwiebelrostbraten mit Herbstgemüse   104

Superturbo (8-Minuten-Rezepte)

Entenbrust-Cordon-bleus mit Rotkohlsalat   125
Lachs mit Curry-Popcorn und Radicchiosalat   139
Lammkoteletts mit Grapefruitsalat und Haselnussmilch   132
Lammkoteletts mit Tomaten-Salsa und Lakritzsauce   134
Rehmedaillons mit Pastinakenpüree und Wakame   123

Saibling mit Misosauce und Kaki-Crunch   120
Seitanschnitzel mit Sprossensalat und Mokkaschaum   131
Tofu mit Kreuzkümmel-Müsli-Kruste   140
Weiße-Bohnen-Salat mit Schweinebauch und Dill   126
Wolfsbarsch-Tatar mit Baiser-Bratkartoffeln   136

Desserts

Ananas-Cidre-Creme   178
Arme Ritter mit Kirschragout   169
Bananen im Teigmantel   164
Beeren-Zweierlei mit Hippen   157
Blaubeerwaffeln mit Rosmarin-Joghurt-Mousse   184
Blitz-Schoko-Mousse   165
Blitzeis mit Tonka-Sabayon und Zitruskompott   180
Calvados-Soufflés mit zweierlei Äpfeln   150
Crêpes mit Heidelbeereis und Karamell-Orangen   149
Erdbeer-Tiramisu im Glas   177
Gefüllte Crêpes mit Portwein-Sabayon   173
Gegrillte Ananas mit Mascaponeschaum   165
Kaiserschmarrn mit Apfelkompott   159

Karamellisierte Beeren-Tarteletts   164
Künefe mit Grapefruit-Kompott   145
Mascarponeküchlein mit Himbeer-Crumble   155
Mascarponetörtchen mit Granatapfelgelee   160
Nussmakronen mit Fruchtsalat und Schokosauce   166
Schnee-Eier mit Karamellsauce   152
Schokoherzen mit Feigen und Joghurtmousse   146
Tarteletts mit Feigenkompott und Schafskäse   170
Vanillecreme mit Beerenkompott   182
Zitronenbaiser-Muffins mit Beerenkompott und Schokosauce   163
Zitrus-Eierkuchen mit Beerenkompott und Espressosauce   174

DANKSAGUNG

Mein erstes Dankeschön geht natürlich an meine Jungs im „Henssler Henssler" und im „Ono by Steffen Henssler", weil Ihr immer Vollgas gebt und ich mich zu 100 Prozent auf Euch verlassen kann.

Danke an alle bei VOX - speziell natürlich bei: Bernd Reichart: Die Idee, die Sendung als Staffel laufen zu lassen, war die beste der Welt. Who the fuck is Tatort ;) Kai Sturm: Danke für Dein Vertrauen (und natürlich für Deine Weihnachtskarten)! Thomas Wißmann: Danke für eine tolle Zusammenarbeit! Ich weiß, ist manchmal nicht ganz einfach, aber dafür erfolgreich.

Dann natürlich bei meiner wunderbaren Moderatorin Ruth Moschner, es ist jedes Mal ein Fest mit Dir. Ein riesiges Dankeschön auch Heinz Horrmann und Reiner Calmund – ich kann mir die Sendung ohne Euch überhaupt nicht vorstellen. Und Heinz: Wann kriege ich endlich mal 10 Punkte???

Natürlich danke ich allen bei itv für eine reibungslose Produktion. Ein großes Danke auch an alle Prominenten, die bisher dabei waren.

Ein ganz besonderer Dank geht natürlich an meinen Lieblingsgegner Detlef Steves – ich freu mich jetzt schon drauf, Dich beim nächsten Mal richtig lang zu machen ;-)

Jan Peter Westermann und Pio: Was soll ich sagen? WELTBUCH! Danke!

Last but not least gilt mein Dank natürlich: Tobias Bischoff, Töne Stallmeyer, Judith, Tobias Frerks, Volker Weicker, Knut Fleischmann, Sabine Leopold, Panagiota Vafea, Ivonne Ewald, meinem Lieblingsitaliener Pasquale (Mach die Ravioli klar), Claudia Rentsch, Peter Wiese, Jens Oli Haas, Nelson Müller, Ralf Zacherl, Mario Kotaska, Stefan Marquard, Ali Güngörmüs, Frank Buchholz, den Reinigungskräften, die meine Küche immer putzen müssen (dickes Sorry dafür ;)) und natürlich Rainer Sass.

Last but not least: Markus Heidemanns – danke für alles!

WWW.HENSSLERSKUECHE.DE

OB SPANNENDE KOCH-KURSE, TOLLE EVENTS ODER AUSGELASSENE FEIERN – IN HENSSLERS KÜCHE GEHT ES IMMER HEISS HER! SCHAUT DOCH AM BESTEN GLEICH MAL VORBEI! HENSSLERSKUECHE.DE

Erlebe Steffen ab November 2015 live auf Tour:

Hamburg, New York, Tokio- Meine kulinarische Weltreise

Neue Tour ab 2016 Henssler tischt auf!

Tickets unter www.steffenhenssler.de

Impressum

© 2015 Gräfe und Unzer Verlag GmbH, München
Alle Rechte vorbehalten.

Lizensiert durch RTL interactive GmbH
© VOX 2015

Begleitbuch zu Sendung „Grill den Henssler"
eine Sendung der ITV Studios Germany GmbH

Projektleitung: Regina Denk
Lektorat: Petra Bachmann
Food-Fotografie: Jan-Peter Westermann, WESTERMANN+BUROH STUDIOS GbR
Food-Styling: Jens Piotraschke
Umschlaggestaltung und Innenlayout: Martina Baldauf, herzblut 02 GmbH
Herstellung: Markus Plötz
Satz: KONTRASTE – Graphische Produktion, Björn Fremgen
Repro: Repro Ludwig, Zell am See
Druck: Firmengruppe APPL, Wemding
Bindung: Conzella, Pfarrkirchen
Printed in Germany

Bildnachweis: S. 6 und S. 186/187 – Frank W. Hempel

ISBN: 978-3-8338-4546-8
4. Auflage 2015
www.graefeundunzer-verlag.de

Ein Unternehmen der
GANSKE VERLAGSGRUPPE